中外文稀有版本文献

《政治经济学批判》

③

经济学批判

【德】卡尔·马克思 ◎ 著
刘 曼 ◎ 译

中央编译出版社

《政治经济学批判》的出版与传播

（代序）

一 《政治经济学批判》在国外的出版和传播

（一）出版和早期传播情况

《政治经济学批判。第一分册》于 1859 年 6 月在柏林出版，这是马克思经济学研究的成果第一次正式出版，这部著作的出版在马克思主义发展史特别是马克思主义经济学发展史上具有里程碑式的意义。1857 年至 1858 年期间，重新开始研究经济学的马克思写下了大量经济学手稿（《1857—1858 年经济学手稿》），按照马克思当时对经济学研究框架的设想，他决定分册出版这些研究成果，其中，《政治经济学批判。第一分册》是马克思计划中的经济学丛书的第一册，也是马克思经济学研究的最初出版的标志性成果。

1858 年 3 月，马克思与柏林的出版商弗·敦克尔签订合同准备分册出版《政治经济学批判》。他本想签订全书的出版合同（预计共 6—8 册），但是出版商只同意根据第一册的销售情况再做决定。第一分册中包含《序言》、第一章《商品》和第二章《货币或简单流通》，在真正出版的时候，马克思没有将其准备论述资本的第三章收入第一分册，这是"因为真正的战斗是从第三章开始,我认为一开始就使人害怕是不明智的"①,《资本》章计划放在第一册的第二个分册中进行论述,不过后来这个写作计划并没有得到落实,马克思对资本进行了更加深入的研究,其理论成果形成为后来问世的著作《资本论》。

1859年1月《政治经济学批判。第一分册》的手稿已经准备妥当,但是马克思的手稿要交到出版商的手上并不这样容易,单是他的名字就会吓坏普鲁士当局。他的稿子交给出版商之前,还得由警察经手,在那里放上一些日子。警察当局只有在确信马克思的著作是"纯学术"性的,并且害怕马克思可能在英国报刊上提出抗议时,才会按照规定把稿子交出去。

最终,《政治经济学批判。第一分册》于1859年6月在柏林出版,印数1000册。在这部著作中第一次系统地阐述了马克思包括货币学说在内的价值论。马克思给这部著作写了一篇《序言》,在这篇著名的序言里对历史唯物主义的实质作了精确的表述,《政治经济学批判。第一分册》的正文从对商品的分析开始进行政治经济学批判的研究,并且展开对货币问题的深刻论述。

(二) 国外的出版和传播情况

下面简要介绍若干在国外发行的《政治经济学批判。第一分册》的单行本及在各版《全集》《选集》中的收录概况。

1.《政治经济学批判。第一分册》第一次出版。1859年以德文由柏林敦克尔出版社出版发行,印数1000册。前文已述,这个版本的《政治经济学批判。第一分册》出版后,并未引起如马克思预期的反响。恩格斯为了介绍和推荐马克思的经济学的新理论和新成果,专门写作了两篇文章进行推介。这是《政治经济学批判。第一分册》的第一次出版,也是马克思在世时唯一一次出版。

---

① 《马克思恩格斯全集》第29卷,北京:人民出版社1972年版,第568页。

2. 从1958年到1965年，日本出版了五卷本的《政治经济学批判基础》，第5卷中包括了《政治经济学批判》及其准备材料。五卷本的《政治经济学批判基础》实际上是《1857—1858年经济学手稿》即《大纲》的翻译全稿，日本也因此成为第一个翻译《大纲》的国家。《政治经济学批判》及其准备资料、《大纲》等文献在日本的出版改变了日本人认识和看待马克思政治经济学批判的方式，改变了对马克思的误解，推动了日本的马克思经济学的研究。《政治经济学批判。第一分册》在日本有河上肇、宫川实合译的版本，以及宫川实译本。

1954年，《经济学批判》，宫川实翻译，出版社：青木书店，32开，300页，平装。

3. 考茨基的德文第二版。1897年出版了《政治经济学批判。第一分册》德文第二版，这一版由考茨基编辑，该版与1859年的原版有细微的差别，是考茨基根据马克思在该书的页边所作的笔记进行细微的变更后编辑出版的。

4. 根据德文版《马克思恩格斯全集》第13卷翻译，1970年在苏联用英文出版了《政治经济学批判》单行本，同时收录了恩格斯的《卡尔·马克思〈政治经济学批判〉》。编者Maurice Dobb在前言中写道："《政治经济学批判》就是它本身，它是《1857—1858年经济学手稿》的有机组成部分。它是对马克思《1844年经济学哲学手稿》开启的问题的进一步探索，批判的焦点集中在方法上。"①

5. Stone的英译本。N. I. Stone将《政治经济学批判。第一分册》德文第二版翻译成英文，于1904年由Charles H. Kerr & Company公司在芝加哥出版。这个版本还收录了《〈政治经济学批判〉导言》。在《前言》中译者介绍了该书翻译成英文出版的必要性。他认为，虽然半个世纪过去了，但是在大城市中仍然存在大量的产业工人不能享有应有的权力，该书的再版具有很大的社会价值。另外，马克思在《序言》中所

---

① *A Contriution to the Critique of Political Economy*. Karl Marx, Progress Publishers, Moscow, 1970.

作的"唯物史观"的经典表述对社会学、自然科学、法学等都有参考价值。译者还根据马克思对《资本论》和《政治经济学批判。第一分册》之间的关系的论述,强调了《政治经济学批判。第一分册》的独立价值所在。他认为,虽然《政治经济学批判》的大部分内容都被马克思纳入到了《资本论》的开头部分,但是很多在本书中深入分析和论述了的问题比如价值理论和货币的历史等问题并没有完全照搬进《资本论》,所以《政治经济学批判。第一分册》仍然具有完整的独立的价值。中文第一个《政治经济学批判》的单行本译者刘曼主要就是依据 Stone 的英译本进行翻译的。

6. 1859 年《政治经济学批判》,1947 年在东柏林出版,其后反复出版。其中将《〈政治经济学批判〉导言》作为附录一起出版。

7. 各种全集、选集的收录和摘编

(1)《马克思恩格斯全集》俄文第一版。1921 年,在列宁的倡议下,马克思恩格斯研究院在莫斯科成立,主要工作是系统收集马克思恩格斯的著作、手稿和书信。在研究院的努力下,1928 年,俄文第一版《马克思恩格斯全集》开始出版,一直到 1941 年基本结束。该套全集共 28 卷,33 册,收录了 1250 篇著作和 3300 封书信。《政治经济学批判。第一分册》被收录在俄文版第一版第 12 卷(上)第 1—170 页。

(2)《马克思恩格斯全集》俄文第二版。1955 年至 1966 年,苏共中央马克思主义研究院出版了《马克思恩格斯全集》俄文第二版,共 39 卷(42 册),收集马克思、恩格斯的著作和书信 5500 件,比第一版多收了近 1000 件,后来又出版了 11 卷补卷,即第 40—50 卷,收录了一大批之前未发表过的马克思、恩格斯的手稿、文章和书信,以及第 1—39 卷未刊入的文章。《政治经济学批判。第一分册》收录在俄文第二版第 13 卷第 1—167 页。

(3)《马克思恩格斯全集》德文版。1968 年,德国统一社会党中央马克思主义研究院出版了《马克思恩格斯全集》德文版,共 39 卷(41 册)和一个补卷(2 册)。马克思和恩格斯的著作和书信大部分是用德文写作的，这个版本就是用原文发表的。其中，1961年出版的德文版第13卷中第3—160页，收录了《政治经济学批判。第一分册》。

（4）《马克思恩格斯全集》多语种版本。俄文版、德文版《马克思恩格斯全集》是在国际上影响很大、传播广泛的版本，在这两个版本的基础上，又有多种语言的《马克思恩格斯全集》相继出版，如保加利亚文版、日文版、朝鲜文版、波兰文版、罗马尼亚文版、塞尔维亚—克罗地亚文版、捷克文版、匈牙利文版等。无论是以德文版还是俄文版为基础，各个版本的全集中也都收录了《政治经济学批判。第一分册》。

（5）《马克思恩格斯全集》英文版。英文版《马克思恩格斯全集》计划出版50卷，将收录俄文版第二版的材料，并将收录近几年新发现的马克思主义创始人的著作和书信。根据英文版，《马克思恩格斯全集》意大利文版也开始出版。此外，法文版的书信全集已经出版，并准备出版法文版的《马克思恩格斯全集》。

（6）日文版《马克思恩格斯全集》。《政治经济学批判。第一分册》收录在第13卷第3—163页。

（7）1950年，莫斯科外语出版社出版了英文版两卷本《马克思恩格斯选集》，在收录了《政治经济学批判。第一册》之外，第1卷收录了《〈政治经济学批判〉序言》和恩格斯的《卡尔·马克思〈政治经济学批判〉》。该选集是在莫斯科马克思恩格斯研究院编著的两卷本《马恩选集》的基础上重新选编的，1955年再版。

（8）MEGA^{2}版。原文出版《马克思恩格斯全集》的工作，即马克思恩格斯全集的历史考证版（即MEGA^2）的出版工作，要求按原文形式收入马克思主义创始人的全部著作遗产，其中包括马克思和恩格斯的著作、文章、草稿、未完成的手稿，由他们起草的工人运动的文件、书信和笔记、摘要、摘录以及他们在书籍中所作的边注。运用原文印行是为了最大限度地再现正文的可靠性，使人们更加准确地研究马克思、恩格斯的思想。《马克思恩格斯全集》历史考证版第二版总共由四个部分组成，其中，"《资本论》及其手稿"卷次构成了专门的第二部分。《马克思恩格斯全集》1981年历史考证版第2部分第1卷第2分册和1980年历史考证版第2部分第2卷的德文原文，收录了《政治经济学批判。第一分册》。

（9）1968年，纽约国际出版社在纽约出版了《马克思恩格斯选集》单卷本，其中节选了马克思、恩格斯和列宁等人具有代表性的著作，篇幅短小的《〈政治经济学批判〉序言》被全文收录刊载，而《资本论》等大部头的著作则摘选重要篇章刊印，部分马恩书信也被收录其中，期待为读者阅读和研究"马克思主义创始人的哲学、政治经济学、社会变革和共产主义理论"提供帮助。

（10）1987年，《马克思恩格斯著作选集》英文版第29卷（1857—1861）在伦敦出版，其中从257页到420页收录了《政治经济学批判。第一分册》，同时收录了7个笔记本的索引。

纵观《政治经济学批判。第一分册》在世界范围的翻译出版过程，可以归纳出一些特点。首先，因为《政治经济学批判。第一分册》这部著作在马克思生前就已经正式出版过，所以各个版本之间没有大的出入，基本都是按照1859年出版的原貌进行翻译和编排的，主要包括《序言》和正文两个部分；其次，恩格斯为本书写作的用于推广和传播的两篇评论性文章《卡尔·马克思〈政治经济学批判〉》因为与该书关系紧密，所以无论是《全集》还是《选集》基本上会将这两篇文章编排在《政治经济学批判。第一分册》后面；再次，因为马克思的政治经济学批判的研究和创作是一个系统的过程，在前后十几年甚至更长的时间内，马克思不断地积累各种有关经济学的手稿、书信和文章，所以，将《政治经济学批判。第一分册》按照时间顺序与其他经济学研究的内容一起编排也成为多版《全集》和《选集》的共同选择；最后，鉴于《政治经济学批判。第一分册》之后出版的《资本论》与该书有内容上的重合，并且更加完整，具有更加重要的地位，所以，《政治经济学批判。第一分册》作为单行本出版的版本在数量上相对有限。

二 《政治经济学批判》在中国的出版和传播

《政治经济学批判。第一分册》是较早传入中国的马克思主义著作，特别是阐述马克思唯物主义历史观的代表性著作《〈政治经济学批判〉序言》更是早期向中国介绍马克思主义的思想家们首先选择的马克思的作品。在马克思经济学思想向中国介绍和传播的过程中，《政治经济学批判》从片段性的节译到全本翻译再到被收录进多种《选集》《全集》，为广大读者学习和研究马克思主义经济学理论提供了经典理论典籍。

（一）新中国成立前《政治经济学批判》的译介和传播

早在五四时期以前，在中国还没有系统的马克思主义著作的出版规划，没有形成大规模译介马克思主义著作的潮流的时候，就已经有中国民主革命的先驱和有识之士开始间接地、片段性地介绍马克思主义的思想和著作，其中《政治经济学批判》特别是《〈政治经济学批判〉序言》是最早被介绍的著作之一。

1. 20 世纪早期，《政治经济学批判。第一分册》传入中国

20 世纪早期，中国出现零星翻译和介绍马克思主义政治经济学的文章。虽然这些文章大多是片段性的译介，但它们却是马克思主义理论特别是马克思主义政治经济学在中国最早传播的星星之火，开启了马克思主义经济学在中国传播的帷幕。

当时零星翻译过来的各种经济学著作和文章的版本如下：

（1）1903 年，赵必振翻译的日本学者福井准造的《近世社会主义》由广智书局出版，这是一本较系统地介绍马克思主义经典作家生平和著作的书籍。全书分上下两册，共 16 万字。该书对马克思的《政治经济学》的写作过程和主要内容作了介绍，文中将《政治经济学批判》译为《经济学之评论》，这可以看作是最早向中国人民介绍马克思主义和社会主义学说的译著。

（2）渊泉翻译的日本京都帝国大学教授河上肇的日语著作，其中摘译了《〈政治经济学批判〉序言》部分内容，载于北京《晨报》1919年5月5、6、8日《马克思的唯物史观》一文中。摘译文第一次把马克思在《政治经济学批判（序言）》中表达出来的唯物史观传播到中国："人类一定的、必然的生产关系总和，构成社会经济真正的基础。在这基础之上再构造法制政治建筑。人类物质决定精神。社会存在决定其意识。社会的物质生产力发展到一定阶段，生产关系就会发生冲突，因为它变得开始束缚生产力的发展了。于是乎社会革命的时代就来了。"①

（3）1921年《上海东方杂志》第18卷发表了由王嘉摘译的《〈政治经济学批判〉序言》。

（4）1921年1月10日，《东方杂志》第18卷第1号第60—69页发表的《马克思的唯物史观》是范寿康对《〈政治经济学批判〉序言》的节译，附译者注和解释，是根据日本学者河上肇的日译文翻译过来的。

（5）1929年12月，上海南强书局出版了由彭嘉生翻译的一系列马克思和恩格斯的文章，其中包括《卡尔·马克思〈政治经济学批判〉》。

（6）杜竹君译，载《哲学之贫困》（1929年10月版）附录二，该书第199—205页，摘译《政治经济学批判》第2章《B. 关于货币计量单位的学说》（后半部分），篇名为《约翰·葛雷及其劳动的理论》，译文根据1859年柏林版译出。

（7）许德珩译，载《哲学之贫困》（1932年7月版）附录二，该书第183—187页，摘译《政治经济学批判》第2章《B. 关于货币计量单位的学说》（后半部分），篇名为《经济学批判中之摘录》，附注释。

---

① 河上肇：《马克思的唯物史观（二）》（节选），渊泉译，载《晨报》（北京），1919年5月6日。

（8）程始仁译，载《辩证法经典》（1935年10月版）第95—104页，摘译《政治经济学批判》序言（前半部分），篇名为《经济学研究之一般的结论》。

（9）韬奋译，载《读书偶译》（1937年6月版）第141—145页，摘译《政治经济学批判》序言，篇名《为唯物史观的解释》。

20世纪20、30年代，中国的有识之士开眼看世界，探寻救亡图存之路，各种新思想在古老的中国竞相传播。马克思政治经济学著作在中国还只是片断性的翻译和介绍，还没有进行系统性的传播。对马克思主义经济学和马克思主义的定位还只是多种新思想中的一种，翻译和传播马克思主义经济学的人也并不都是马克思主义者，他们对马克思主义的理解和介绍还比较浅显，甚至有些见解还很不准确。因此，马克思主义经济学还只是在一小部分知识分子中间进行传播，影响不大。但是，这些早期翻译的著作，仍然是马克思主义经济学在中国最早的引进，为马克思主义在中国的广泛传播和扩大影响作了准备。

2. 五四运动时期，《政治经济学批判》在中国的译介和传播

五四运动前夕，马克思主义者李大钊等人在北大创立了马克思主义研究会，开始在古老的中国大地上传播马克思主义。马克思主义研究会是中国第一个介绍马克思主义的组织，它在北大学生中组织开展学习和研究马克思主义的活动，使很多进步青年开始接触和认识马克思主义。

五四运动期间，1919年5月5日，北京《晨报》的"马克思研究专栏"刊登了陈溥贤翻译的河上肇的文章《马克思的唯物史观》，其中就有《〈政治经济学批判〉序言》的片段翻译。陈溥贤将《政治经济学批判》译为《经济学批评》。

《新青年》杂志于1915年在上海创刊，十月革命以后，作为五四运动的号角，《新青年》成为宣传马克思主义的阵地。1919年9月到11月由李大钊主编的《新青年》第六卷发行，这一期的主题是"马克思研究"，集中刊登了8篇介绍马克思主义的文章，其中李大钊写作的《我的马克思主义观（上）》是具有重要意义的一篇文章。在这篇文章中，李大钊第一次系统介绍了马克思的经济学说，同时评价了马克思主义在经济思想史上的地位。李大钊也介绍了马克思的唯物史观，还特别引用了河上肇的译文《经济学批判〈序言〉》，而这里的《经济学批判〈序言〉》实际上就是《〈政治经济学批判〉序言》。李大钊认为，马克思的《资本论》虽然"彻头彻尾以他那特有的历史观作基础"，而"以一定的公式"出现的历史观，"还在那一八五九年他作的那'经济学批判'的序文中"。在文中他引用河上肇的译文："人类必须加入那于他们生活上必要的社会的生产，一定的、必然的、离于他们的意志而独立的关系，就是那适应他们物质的生产力一定的发展阶段的生产关系。此等生产关系的总和，构成社会的经济的构造——法制上及政治上所依以成立的、一定的社会的意识形态所适应的真实基础——物质的生活的生产方法，一般给社会的，政治的及精神的生活过程，加上条件。不是人类的意识决定其存在，他们的社会存在反是决定其意识的东西。"① 这是在中国对马克思历史唯物主义思想的第一次系统介绍和分析，是中国人认识和了解马克思主义政治经济学的开端。

五四时期，以北京大学的教师和学生为主体，形成了一个搜集、整理、翻译和出版马克思主义著作的群体。上文提到的马克思学说研究会的成员组织搜集马克思的主要著作和相关研究作品，并且选择其中重要的著作进行翻译。研究会会员们列举了40余种英文书籍和20余种中文书籍，其中包括马克思、恩格斯、考茨基、普列汉诺夫等马克思主义创始人及著名理论家的代表作品。研究会还开展了大规模的马克思主义著作的译介工作，他们从英语、俄语、法语、日语等语言翻译马克思的经典著作，这些翻译和研究活动一方面促进了马克思主义在北京大学的传播，另一方面也为马克思主义在更广泛的范围内传播奠定了文献资料和文本的基础。

马克思学说研究会定期进行分组讨论，其中第一组讨论唯物史观，

---

① 李大钊：《我的马克思主义观》（上），《新青年》第6卷第5号，1919年5月。

第三组讨论剩余价值,展开对马克思的政治经济学进行学习和研究。1922年3月,研究会特别增设了《资本论》研究,由北大法科教授陈启修担任导师,他也是《资本论》最早的译者。同学们在相互讨论中,结合当时中国和世界的现实情况来理解马克思主义的基本原理和价值理念,马克思的政治经济学批判的观点在这些学生和老师中得到了最早的传播和研究。

3. 中国共产党成立前后,《政治经济学批判》在中国的翻译和传播

五四运动以后,中国共产党筹备建立,早期的筹建者陈独秀很重视对马克思主义理论的学习研究和宣传推广。陈独秀在1922年7月1日的《新青年》第九卷第六号上,发表了《马克思学说》一文,在这篇文章中,陈独秀阐发了他所理解的马克思主义理论。其中,从他对马克思的政治经济学和历史唯物主义的研究代表了当时对马克思的政治经济学的理解水平。比如他在谈到关于马克思的剩余价值学说的时候说:"马克思底经济学说,和以前个人主义的经济学说不同之特点,是再说明剩余价值之如何成立及实现。二千几百页的《资本论》里面所反复说明的,可以说目的就是在说明剩余价值这件事。"[①] 在谈到马克思的历史唯物主义的时候,他说:"马克思的唯物史观学说虽然没有专书,但是他所著的《经济学批评》《共产党宣言》《哲学之贫困》三种书里都曾说明过这项道理。"[②] 陈独秀不仅注意到了剩余价值学说是马克思政治经济学研究的核心思想,而且洞察到政治经济学批判研究背后的唯物史观的立场。他对马克思著作的理解和评论在一定程度上引领了后来对马克思的理解的方向,奠定了在中国实事求是地理解马列著作的科学基础。

1921年7月,中国共产党第一次代表大会召开,标志着中国共产党的创立,在这次大会上决定创办中国共产党自己的出版社。会后,人民出版社秘密建立,这是中国共产党建立的第一个出版社。从1921年9

---

① 陈独秀:《马克思学说》,载《新青年》第九卷第六号,1922年7月1日。
② 陈独秀:《马克思学说》,载《新青年》第九卷第六号,1922年7月1日。

月1日开始，中国共产党开始了马克思主义著作的出版事业。人民出版社1921年准备出版"马克思全书"15种，其中就包括《政治经济学批评》《剩余价值论》《马克思〈资本论〉入门》等关于马克思经济学说的书籍。其中，《政治经济学批评》和《马克思〈资本论〉入门》两本书计划由李汉俊来翻译。不幸的是，1927年1月，李汉俊被军阀杀害，没能完成这些工作。李汉俊是中国共产党成立初期的马克思主义翻译家、理论家，他翻译了很多有关马克思经济学研究的著作，通过直接接触马克思的原著，为他展开马克思主义研究奠定了坚实的基础。

4. 新中国成立前的两个单行本

虽然马克思的《政治经济学批判》及其序言很早就在中国有片段式的翻译和零星的传播，但是在新中国成立前，完整的单行译本事实上只有两个。一个是刘曼译本，另一个是郭沫若译本。

（1）刘曼的单行译本介绍

1930年，由刘曼翻译、上海乐群书店出版的《经济学批判》一书，事实上该书是马克思的《政治经济学批判》最早的中译单行本。该书于1930年3月2日付排，上海乐群书店1930年5月25日出版，(4+6+9+338) 页，32开，横排平装本。本书包括正文、《序言》和《导言》（摘自1857—1858年经济学手稿，在本书中译为《经济学批判绪言》），书前附译者序（写于1930年3月26日）和英译者序（写于1903年10月），书中附有注释。1930年上海棣棣书店再版，出版时间未印明，(2+4+6+338) 页，32开，横排平装本。

刘曼是《政治经济学批判》的首位单行本全文译者，他的翻译依据的原本是Stone的英译本，辅以宫川实的日译本，并参考了考茨基编辑的德文第二版。在谈到翻译版本的选择时，刘曼指出："英译者的译文，是否最为可靠，我想凡是读过德文本和英文本的人，早就有一个定评，公认它是一部有权威的译本。若就我的所见，Stone的译本的确有这几个特点：第一，他译这本书时，曾费过极端精细的考虑（关于这一点，看过他的序文就可了然），几番的审定；第二，他曾改正了原文上少数误载的引文；第三，他曾添上少数重要的附注，并在经济学批判绪言底前面，附有考茨基在 Neue Zeit 报上发表本文时所载关于补添各点底说明。"① "出版了足足七十年的这本经济学批判，谁也知道是马克斯先生的全部遗教中一本最重要的经济文献，是全世界劳苦群众的圣经，早已有了各种文字的译本。然而在中国，直到现在，直到马克斯主义所煽起的革命焰火渐次迫近我们四周底现在，直到我国劳苦群众正在觉醒地接受时代要求底现在，直到我国思想界起了进一步的转变底现在，直到旧社会将随历史的车轮转入万劫不复的深坑中底现在，这样一个可贵的宝物，才有我这一本卑之无甚高论底译本，毫无疑义是我国思想界一件不可恕的缺恨。我译这本书，虽然抱有解除这一缺恨底宏愿；我的译本，虽然对于目前迫不急待的大多数不谙外国文的读者，多少可以给予帮助省识这个宝物底机会；可是原书底精确的迻译，觉得太不容易，除非国内有更美满的译本出现，这缺恨似乎仍旧解除不得。"②

（2）郭沫若的单行译本介绍

郭沫若在1931年翻译出版了《政治经济学批判》一书，这个版本是传播比较广泛的单行本，多次重新印刷。1931年12月由上海神州国光社出版，（7+228+42）页，32开，竖排平装本，本书包括正文、序言和导言（《导言》在本书中译为《政治经济学批判导论》）。1932年3月10日，上海政治经济研究会印行，（2+7+228+42）页，32开，横排平装本，印有"政治经济丛书"字样，署名李季译，实为郭沫若译。1932年7月，上海神州国光出版社再版，（2+7+228+42）页，32开，竖排平装本。1939年5月，上海言行出版社出版，（2+7+294）页，32开，竖排平装本。1947年3月，上海益群出版社重印，（6+7+294）页，32开，竖排平装本，译者为这一版写了译者序（写于1947年2月20日），印有"沫若译文集之四"字样。郭沫若的译本在1949年新中国成立前和1950年新中国成立后又重新印刷，1949年4月，上海益群出

---

① 马克斯：《经济学批判》，刘曼译，上海：乐群书店1930年版，译者序第3页。
② 马克斯：《经济学批判》，刘曼译，上海：乐群书店1930年版，译者序第3页。

版社出版，注明第二版，（2+7+294）页，32开，竖排平装本。1950年3月，上海益群出版社出版，注明第三版，（2+7+294）页，32开，竖排平装本。1950年7月，上海益群出版社出版，注明第四版，（2+7+294）页，32开，竖排平装本。1951年4月，上海益群出版社出版，注明第六版，（2+7+294）页，32开，竖排平装本。

郭沫若译本《政治经济学批判》是在中国传播较广的单行本译本，在建国前后多次再版和重印，为推广和普及马克思政治经济学批判乃至传播马克思主义思想都起到很大的推动作用。郭沫若同时是文学家、历史学家和翻译家，其译著文采斐然，虽然因为翻译时间早，很多术语和名词与后来通行的译名不完全一致，但是郭译本仍然是《政治经济学批判》在中国翻译和传播历程中具有里程碑意义的版本，为后来其他译本的诞生奠定了基础。

5. 抗战时期到新中国成立前对《政治经济学批判》的深入学习和传播

从1937年到1949年，中国人民在中国共产党的领导下取得了抗日战争和解放战争的胜利，战争岁月，中国共产党以延安为革命根据地，成立了延安解放社，继续进行马克思主义著作的翻译和出版工作，马克思主义著作的翻译和出版事业也有了新的发展。

为了满足广大人民群众学习经典著作的需要，延安解放社出版了"马克思恩格斯丛书"和"抗日战争参考丛书"，《列宁选集》和《斯大林选集》。其中"马克思恩格斯丛书"共10卷，包括《社会主义从空想到科学的发展》《共产党宣言》《法兰西内战》《马恩通信选集》《革命和反革命》《哥达纲领批判》《拿破仑第三政变记》《法兰西阶级斗争》和《政治经济学论丛》《〈资本论〉提纲》等。这套丛书的封面标有书名，并且注明了马恩丛书的编号，用阿拉伯数字表示，书名页则用汉字标明。其中，《政治经济学论丛》是该套丛书的第六种，1939年3月出版，王学文、何锡麟合译。有关政治经济学另外一本书是《〈资本论〉提纲》，丛书的第九种，1939年11月出版，何锡麟、王学文译校。

抗战时期,除了延安是学习和出版马克思主义著作的中心以外,上海也成为传播马克思主义的另外一个重要阵地。上海生活、新知、读书三家出版社,坚持在沦陷区出版马克思主义著作,涌现出如邹韬奋、钱俊瑞、李公朴等进步出版家,他们冒着被敌人迫害的巨大危险在沦陷区积极工作,配合了延安马列著作出版发行的号召,在沦陷区起到了特殊重要的作用。七七事变之后,生活书店出版了邹韬奋的《读书偶译》,他自己在"开头的话"中介绍说:"这只是一本漫笔式的译述,不是有系统的社会科学的书,但是也略为有一点贯穿的线索。第一节可以算为简单的导言或绪论,后面接着的是马克思的生平和理论,附带谈到他的思想所由来的黑格尔,再后的是恩格斯的生平和工作,再后的是列宁的生平和思想……每篇来源的原著书名,都附记在每篇的末了,以供参考。"① 实际上本书是邹韬奋1934年在伦敦博物院图书馆研读社会科学书籍时作的笔记。书中散见马克思、恩格斯的著作引文,同时邹韬奋把比较完整的段落,作为独立的章节加上了小标题。在《唯物史观的解释》下面他翻译了《〈政治经济学批判〉序言》中的一些主要段落。

(二)新中国成立后《政治经济学批判》的译介和传播

1949年,中华人民共和国成立,马列著作系统出版迎来了一个全新的时代,马克思主义著作的推广传播进入了新时期,开始有组织、大规模、成系统进行翻译出版工作。

新中国成立以后,马克思列宁主义作为指导思想,其著作的翻译和传播工作受到重视。1950年9月15日,全国第一届出版会议召开,把出版和发行马列译著和毛泽东著作作为出版发行的重点任务。1950年12月,成立了人民出版社,人民出版社是国家政治书籍出版机构,重要任务之一就是出版马列著作。人民出版社成立后,一方面组织修订和

---

① 邹韬奋:《读书偶译》,上海:韬奋出版社1948年版。

重印了过去的马列著作的译本，另一方面组织出版新的译本，从此，马列著作的编辑出版和发行有了集中统一的组织和领导。

1953年，党中央决定，将中央俄文编译局与中央宣传部斯大林全集翻译室合并，组建中共中央马克思恩格斯列宁斯大林著作编译局，作为马列著作编译中心。它的核心任务就是负责有系统、有计划地翻译马列著作，保证译文质量，加快出版《马克思恩格斯全集》和《列宁全集》等著作。中央编译局组织起一批专业的翻译人才，涵盖英文、德文、俄文等多个语种，逐渐形成一支实力雄厚的专业翻译人才队伍，搜集和挖掘了大量的珍贵文献资料，建立了一整套严格的编译工作规章制度，并且在工作中不断总结经验，保证了马列著作的译文质量。中央编译局成立以后，翻译、编辑和校订《马克思恩格斯全集》就成为他们最重要的工作和任务。

人民出版社和中央编译局的成立，揭开了新中国有组织、有计划、大规模出版马列著作的篇章。此后，"三大全集"，即《马克思恩格斯全集》《列宁全集》《斯大林全集》陆续出版。

1. 《马克思恩格斯全集》第一版

《马克思恩格斯全集》中文第一版是根据中国共产党中央委员会的决定，由中共中央马克思恩格斯列宁斯大林著作编译局依照《马克思恩格斯全集》俄文第二版译出的。

在《马克思恩格斯全集》中文第一版第13卷，从第3页到第177页收录了《政治经济学批判》，并包含有《〈政治经济学批判〉序言》。第524页到535页收录恩格斯所著的《卡尔·马克思"政治经济学批判"》。收录的版本是徐坚翻译的，校订稿也全部经徐坚审阅过。

2. 《马克思恩格斯全集》第二版

从1986年7月开始，中央编译局开始着手准备《马克思恩格斯全集》中文第二版的翻译出版工作，《全集》中文第一版的编辑完全按照俄文第二版的内容和体例，中文第二版计划在中文第一版的基础上，依据《马克思恩格斯全集》历史考证版和德文版重新编辑、译校，更加贴近马克思主义创始人的原著。中文第二版全集预计出版 60 多卷，分四个部分：第 1—29 卷为著作卷；第 30—45 卷为资本论及其手稿卷；第 46—59 卷为书信卷；第 60 卷以后为笔记卷。无论是从文献篇数还是收文字数都将有显著增加。

其中，中文第二版第 30 卷与第 31 卷同属于一个单元，收录了马克思从 1857—1861 年经济学手稿和经济学著作，分为两组，第 1 组是 1857—1858 年经济学手稿，第 2 组是 1859—1861 年经济学手稿和 1859 年出版的《政治经济学批判。第一分册》。在编辑过程中，根据《马克思恩格斯全集》1981 年历史考证版第 2 部分第 1 卷第 2 分册和 1980 年历史考证版第 2 部分第 2 卷的德文原文，对中文第 1 版的译文重新进行校订。《政治经济学批判。第一分册》的校订也参考了原民主德国马克思列宁主义研究院编辑出版的《马克思恩格斯全集》1983 年版第 42 卷和 1961 年德文版第 13 卷。

3.《马克思恩格斯选集》

1965 年到 1966 年，中央编译局组织专家选编了《马克思恩格斯选集》第 1 卷到第 4 卷，在第 2 卷中选编了马克思的《〈政治经济学批判〉序言》和恩格斯的《卡尔·马克思〈政治经济学批判〉》。

在 1972 年版《马克思恩格斯选集》的基础上，中央编译局编译了新版的《马克思恩格斯选集》第 1—4 卷，并根据《马克思恩格斯全集》德文版和俄文版的新版进行对照译校，调整了一些篇目，在 1995 年由人民出版社出版了《马克思恩格斯选集》第二版。第二版选集仍然在第 2 卷收录了马克思的《〈政治经济学批判〉序言》和恩格斯的《卡尔·马克思〈政治经济学批判〉》。

《马克思恩格斯选集》第三版于 2012 年出版。第三版《选集》是在马克思主义中国化、时代化、大众化事业不断推进的形势下，为适应广大读者学习和研究马克思主义理论的需要而编辑的马克思主义著作精选本。与前两版相比较，第三版对部分结构进行了必要的调整，各卷篇目有所增删。全部 4 卷中，第 2 卷为马克思主义政治经济学专卷，收录了马克思的《〈政治经济学批判〉序言》和恩格斯的《卡尔·马克思〈政治经济学批判〉》。

4.《马克思恩格斯文集》（十卷本）

为了给深入学习和研究马克思主义理论提供更加准确的译文和更加翔实的文本资料，中央编译局组织力量精选了马克思和恩格斯在各个时期写的有代表性的重要著作集结成十卷本《马克思恩格斯文集》。其中所收录的著作译文选自《马克思恩格斯全集》中文第一版和第二版以及《马克思恩格斯选集》中文第二版。为了保证译文的准确性，根据最权威、最可靠的外文版本对全部译文重新进行了审核和修订。主要根据的外文版本有：《马克思恩格斯全集》历史考证版（MEGA^2），《马克思恩格斯全集》德文版（柏林）和《马克思恩格斯全集》英文版（纽约、伦敦、莫斯科）。《文集》第2卷收录了马克思和恩格斯在1848年至1859年期间的著作，其中包括马克思的《〈政治经济学批判〉序言》和恩格斯的《卡尔·马克思〈政治经济学批判〉》，2009年12月由人民出版社正式出版。

5.《政治经济学批判》单行本

新中国出版马列著作数量最多的是单行本，为了方便读者进行专门的阅读和学习，新中国成立以后，《政治经济学批判》也有单行本出版发行或继续印刷。其中，1950年群益出版社（上海）再版郭沫若翻译的《政治经济学批判》，1955年2月人民出版社出版徐坚翻译的《政治经济学批判》，是其中主要的单行本。

徐坚翻译的《政治经济学批判》，1955年2月第一版，1964年9月第二版，第一次印刷2万册，第二次印刷6万册。基本上是按照《马克思恩格斯全集》中文第一版第12卷和第13卷所载译文排印，原译者就是徐坚，译文经过中共中央马克思恩格斯列宁斯大林著作编译局校订过。在这个版本的附录中还收录了恩格斯的《卡尔·马克思〈政治经济学批判〉》和卡·马克思的《关于〈政治经济学批判〉的信》以及卡·马克思的《〈政治经济学批判〉导言》。徐坚的译本基本上是《政治经济学批判》最成熟的中译本，不仅出版了单行本，同时，收录在《马克思恩格斯全集》《马克思恩格斯选集》和《马克思恩格斯文集》中的版本都是以徐坚的译文为基础译本。这里已经形成了规范和通行的名词术语，为中国的马克思主义经济学研究奠定了文本基础，划定了话语规范，具有重要的理论意义。

由于《〈政治经济学批判〉序言》和《〈政治经济学批判〉导言》这两篇著作的篇幅相对短小，在内容上又有相互映照和关联，在不同的历史时期，这两篇重要的文献或单独出版，或联合出版，也有很多不同的版本，在这里就不一一详述了。

（本文来自2016年中央编译出版社出版的史清竹所著《马克思〈政治经济学批判〉研究读本》有关内容。）

經濟學批判

馬克斯著
劉曼譯

經濟學批判

馬克斯著

劉曼譯

上海
樂羣書店版
1930

1930，3，2，付排

1930，5，25，出版

1——2000册

版權所有

不准翻印

實價壹元

目　次

譯者序

英譯者序

著者序

第一篇　資本一般

第一章　　商品 …………………………1

A．商品學說史附錄 …………45

第二章　　貨幣或單純流通………67

一．價值尺度 …………69

B. 關於貨幣尺度單位之諸學說 …90

二. 流通媒介…………………109

    a. 商品變形

    b. 貨幣流通

    c. 鑄貨及價值標記

三. 貨幣………………………172

    a. 貨幣儲藏

    b. 支付手段

    c. 世界貨幣

四. 貴金屬……………………225

C. 關於流通媒介及貨幣諸學 …234

附錄 經濟學批判緒言

一. 生產一般…………………287

二. 生產對於分配交換及消費
    之一般的關係………………297

三. 經濟學底方法………………377

四. 生產,生產手段,生產條件…333

譯者序

出版了足足七十年的這本經濟學批判,誰也知道是馬克斯先生的全部遺教中一本最重要的經濟文獻,是全世界勞苦羣衆的聖經,早已有了各種文字底譯本。然而在中國,直到現在,直到馬克斯主義所煽起的革命燄火漸次迫近我們四週底現在,直到我國勞苦羣衆正在覺醒地接受時代要求底現在,直到我國思想界起了進一步的轉變底現在,直到舊社會將隨歷史的車輪轉入萬劫不復的深坑中底現在,這樣一個可貴的寶物,縱有我這一本卑之無甚高論底譯本,毫無疑義是我國思想界一件不可恕的缺恨。我譯這本書,雖然抱有解除這一缺恨底宏願;我的譯本,雖然對於目前迫不急待的大多數不諳外國文的讀者,多少可以給予幫助省識這個寶物底機會;可是原書底精確的逐譯,覺得太不容易,這次嘗試底結果,連自己也不能十分滿意。因此,除非國內有更美滿的譯本出現,這缺恨似乎仍舊解除不得。

這本書底重要,凡是涉獵過馬克斯主義書籍底人,早就有一個共通的認識,譯者不必多費介紹。很扼要地說,馬克斯先生寫這本書底動因,是在對自十九世紀初期以前一百五十年來底古典學派所研究的結果,卽從配第至里嘉圖,從波斯蓋勒柏特至西思蒙第所研究的結果,提出一個無情的總批判。至於牠的主要的題材,全書四分之三(經濟學批判緒言在外)是關於貨幣底討論。在這一點上,牠比資本論還要詳盡。所以我們若要理解馬克斯經濟學的貨幣論,除非細心窮究這部經濟學批判，就令有機會讀完資本論，依然是不透澈的。換句話說，經濟學批判有牠的獨自的重要。

關於翻譯這本書底經過，譯者尚有幾句須得補說的話：我採取的本子是一九〇四年出版的Stone的英譯本，並輔以宮川實的日譯本，遇有難解處，均參照考茨基的德文本（多半借助朋友之力）。英譯者的譯文，是否最為可靠，想來凡是讀過德文本和英文本的人，早就有一個定評，公認牠是一部有權威的譯本。若就我的所見，Stone的譯本的確有這幾個特點：第一，他譯這本書時，曾費過極端精細的考慮（關於這一點，看過他的序文就可瞭然），幾番的審定；第二，他曾改正了原文上少數誤載的引文；第三，他曾添上少數重要的附註，並在經濟學批判緒言底前面，附有考茨基在 Neue Zeet 報上發表本文時所載關於補添各點底說明。

再說理解本書底不容易，除去英譯者已先為我指出的諸點以外，最使我感到困難的是經濟學批判緒言這一篇。及少數不曾譯成英文之各種文字底引文。這些引文，半數是請我的朋友們代譯的。

譯者是一個淺薄的研究者，本就不敢擔當這一繁重的任務，更因時間過促，不克在一個多月裏盡量修正他的原稿，所以雖算鼓着十二分的勇氣作了這一次嘗試，可是他對於感着困難之處，不能自信沒有應待修正底所在。決不否認他的嘗試，只有不成熟的收穫，塡補不了他所認爲的缺恨。他願以至誠接受一切擁護眞理底讀者的指示。

一九三〇，三，二六， 上海。

譯者。

英譯者序

本書譯自考茨基在一八九七年所刊行的經濟學批判第二版，該版與一八五九年的原版有些微的變更，卽曾由馬克斯在他自己的本書筆錄底頁邊指明過的變更。

從著者的序文，可以看出本書原先是發表作爲一部經濟學詳論底初次的成途。然而在從事他的著述的時候，馬克斯途改變了他的計劃，並且在經濟學批判出世以後八年，他發表了資本論第一卷,該書的範圍是打算去包括經濟學的全領域。

所以馬克斯在本書序文上所提及的計劃,在牠的形式方面,已經拋棄,但在實體上,則尚未拋棄。這裏所論究的題材,已復述于資本論上,或者如馬克斯自己所說,已"概括"于資本論上。然所概括的,是以保持研究底連續所必須者為限。在他一方面,許多重要的材料,在這裏都比在資本論上論究得更加周到,尤其是關於貨幣的討論那節。貨幣論以及資本論上不曾提出之價值論和貨幣論史諸章,使着經濟學批判本身成為一部特別完備的著作。

雖然這是將近半世紀以前寫成的,英國新近的金融紊亂,恰好證明這本書仍然是怎樣應時的和有用的。城市中大部份的在業工人不曾為一八九六年及一九〇〇年民主自由黨的運動 (Democratis-PoPulist agitation) 所迷住底事實,宜乎遠過於一般人所認識的,是由於馬克斯底直接的和間接的影響。他的經濟學說已指導社會主義者走上了他們的反對的運動。而且因為既經發生了關於怒潮底要求之諸條件絕對不會消滅至無復興底可能，所以這本書除去在大學圖書館及經濟學者之外，更在牠的前面開展一廣闊的領域，著者在工人階級方面的聲威保證本書有這一個廣闊的領域。

假如要明白這本書為甚麼應譯成英文，這有另一個理由。馬克斯的序文包括他的名為史的唯物論之歷史哲學論底古典的論證。直到新近幾乎專為社會主義的作家所服膺，而很少傳聞於英語國家中的社會主義圈子以外底這個理論，後來不僅由於認識，而且由於同情的欣賞，正接受在科學家的手裏。(註一)這寧是一件顯然的符合，初次明立統制社會進化之法則底這部著作，該與達爾文以其生物進化論供獻於世之同年世出。而且正與後者不得不反對宗教的偏見以爭取達到實現之途徑同，前者的實現也比甚至更有力量的社會的和政治的偏見所阻礙。

加在本書上作為附錄之經濟學批判導言，是任何語言中第一次用書本形式發表的。這是馬克斯在一八五七年寫的,然而由於他在序文上所說明的原故,所以未曾出版而且事實上他也沒有作完,因爲依照他的變更的計劃,這篇導言應與要包括經濟學史之資本論末卷更相適合。所以晚近方由 Neue Zeit 主筆及馬克斯的門徒考茨基,用雜誌論文的形式發表出來。

關於翻譯本書底工作,有依秩的幾點說明。沒有那個更比譯者本人深感這原本底英譯底缺點。當他十分覺得這個譯本應該大加修正的時候,他曾多次想去犧牲約將譯完原本底工作。我們可以看出,本書許多章節在資本上是比較的明白和簡約;按照在資本論序文上馬克斯的述說,那些章節是十分簡約的和通俗的。本書上的赫格爾語法底例子較多,所以使謠譯成爲一件較難的工作。然而正爲這個原故,特別要儘力去給予說英語的讀者以原文底極嚴密的遙譯。關於馬克斯在資本論上重述本書的某些節,穆爾(moore)和安德林(Aueling)的資本論譯本,是到處帶有些微的修改,而隨便譯成的。

關於馬克斯用語的變更祇有'資產階級'(Bürgerlich)這名詞是個例證。在本書上,馬克斯是稱'資產階級的生產'(Bürgerliche Produktion),'資產階級的財富'(Liugelliche Reichthum)和'資產階級的勞動'(Burgsliche arbeit)八年以後,他在資本論相同的各章上則改用'資本家的'(Kapitatische)這名詞。因為說英語的讀者聽到'資本家的'生產制度,比聽到'資產階級的'生產制度等更熟,所以譯者認定經濟學批判出版以來這少數年間馬克斯自己對於這名詞的改變,是他譯'資產階級的'為'資本家的'一個充足的證明,這樣好像使這名詞的意義更易令讀者明瞭。

看到這本書當真受了多數人的研究底事實,譯本上既然同時附有原文的引證,則翻譯意大利,希臘,拉丁,和法國諸作家的多數引文,想當是應該的。馬克斯用德文所舉的一切英文引證,現在已從德文還元為英文。這些原本是靠着紐約阿斯托圖書館,哥倫比亞大學圖書館,華盛頓的國會圖書館,及西立知門教授(Proffssor Seligman)的私人圖書館這四處底幫助。譯者深謝西立知門許他參考馬克斯所引十七世紀的稀貴著作之好意。馬克斯所載各書的頁數，有些已證明是錯的，與原本所載的頁數不同。原本的英文引證有不能找到的兩三處，已經省去引證符號再從德文譯出來了。

假如譯者不克記念他的夫人——她在這個譯本上的功勞與他自己的功勞相等——對於本書幫功，這個叙述是不完備的。

註一　西立門(Cf. Seligman)著："史底經濟研究",1902年。

紐約　一九〇三年,十月。

著者序

我按以下的程序：資本,土地所有權,工銀勞動,國家,對外貿易,世界市場,來考察資產階級經濟學的體系。在最初三個題目底下,我考察造成近代資產階級社會之三大階級底經濟的生活條件；其餘三個題目底關連是自身明白的。上篇的前半部論究資本,包括以下各章：即(1)商品,(2)貨幣或單純流通,(3)資本一般。前兩章形成本書的內容。擺在我前面的全部材料,是在長時間用記錄底形式寫成的，不是爲着發表，而是爲着解答對於我自己的那些問題底目的；所以那些記錄按照上述的計劃之系統的說明，尙須依現實的情形而定。

我省去了曾經預備過的概論，因爲仔細着想，凡是尙待證實的種種結果底豫言，我以爲都是不合的，而且心願完全信從我底讀者，應該決意從特殊到一般去研究。在他一方面，關於我自己的經濟學研究底經過，有幾點可以在這裏說說。

我的專門研究底題目最先是法理學，但與哲學和歷史底研究相關連，並且當做是對歷史和哲學底研究之次要的研究。自一八四二年至一八四三年，我是 Rheinische Zeitung 的記者，當我不得不參加關於所謂物質利益底論爭這時候，初次覺得自己不遑寧處。關於森林盜伐及土地所有權底極端劃分之來因議會底討論；當時來因省長沙柏（Herr Von SchaPer）曾以 Rheinishe Zeitun 報加入關於摩塞耳農民情況底公開論戰；末了關於自由貿易和保護底爭論，都給我以最先的動機去從事經濟問題底研究。法國社會主義和共產主義底微弱的和準哲學的回聲,在"前進"這些良善的意思極端妨礙事實底認識底時代,已同時聞於 Rheinishe Zeitung 上。我親自表示反對這樣的笨拙工作,但又不得不立即在 Allgemeine Augsburger Zeitung 底論戰上,承認我以前的研究不克使我對於法國思潮底內容下一個獨立的判斷,所以當 Rheinishe Zeitung 的當事人抱着該報能靠不進攻的策略而免於死刑底宣告之妄想時,我遂欣然獲取這個機會,從公共生活退回到我的研究室去了。

為解決苦惱我底問題所着手之第一步工作,即是對於赫格爾的"法律哲學"(Philosophy of Law)——載在德法年誌("Deutsch-Franzosische Jahrbücher")上之該書緒言,一八四四年發表於巴黎——底批判的校正;我從我的研究得到如次的結論:即是法律關係以及國家形態既不能由本身來理解,也不能由所謂人類精神底一般進化來說明。這些關係寧是源本於物質的生活條件,這些條件統由赫格爾模倣十八世紀底法國人和英國人，概括在"市民社會"這名稱底下，而這種市民社會底解剖尚待在經濟學裏探求。我在巴黎時已經着手的經濟學研究，當迫於基佐（Gizot）所頒佈之放逐令而僑居布魯薩爾的時候，我還是繼續。我所達到的，並在達到以後又再繼續作為我的研究中底導線之一般的結論，可以簡約地概括如下：人類在他們所行的社會生產中，發生許多一定的，必然的，與他們的意志獨立的關係。這些生產關係與他們的物質的生產力底一定的發展階段相適應。這些生產關係底總和構成社會底經濟結構，即發生法律的及政治的上層結構，並適應一定的社會的意識形態之現實基礎。物質的生活資料底生產樣式，決定社會的政治的和精神的生活過程底一般性質。決定人類生存的不是人類的意識，反之，人類社會的生存決定他們的意識。在人類進化底一定階段中，社會底物質的生產力與現存的生產關係發生衝突，或則——這不過是關于同一事物底一種法律的表現——與他們從前在內經營所依之財產關係發生衝突。由于生產力底發展形態，這些關係變成了牠們的覊絆。于是到來社會革命的時代。因爲經濟基礎底變更,全部無限的上層結構,也或遲或速地變更了。在考察這些變更的當中,我們應該常常將自然科學底精密所能證明底經濟的生產條件底物質的變更,和法律的,政治的,宗教的,美術的或哲學的諸形態——要之即人類用以認識這種衝突並打破這種衝突底意識形態一區別出來。恰如我們對於某人的判斷不是根據他自以爲是怎樣的一般,我們不能本着變革時代的意識,來判斷這變革時代,反之,這個意識毋寧從物質生活底矛盾,從社會生產力和生產關係間現存的衝突來解釋。當社會秩序中有容納餘地之一切生產力尙未發展時,社會秩序決不消滅;而在生產關係底物質的存在條件未成熟于舊社會胎裏時,新的高度生產關係也決不出現。所以人類往往僅着手研究那些能够解決的問題,因爲仔細地一看,我們可以常時找出問題本身,僅發生在關于這問題底解決之物質條件已經存在或者至少在形成過程中的時候。泛言之,我們得將亞細亞的,古代的,封建的和近代的資產階級的生產方法，定爲社會經濟構成底如許多發展的階段。資產階級的生產關係是社會生產過程底最後矛盾的形式——這矛盾的意思，不是指個人的矛盾，而是指從個人底社會的生存條件所發生的矛盾。同時，發展于資產階級社會胎裏底生產力，創立關于那矛盾底解決之物質條件。所以這個社會構成人類社會底有史以前時期底終段。

與我經常通信並交換意見底昂格斯，自從他的關於經濟範疇底獨創的評論出世以後（載"德法年誌"上），已由不同的路徑達到與我同一的結論（參看他的"英國勞動階級現狀"）。當一八四五年春季他也僑寓于布魯塞爾的時候，我們遂決定去共同提出在我們的觀點和德國哲學底觀念論之間的比較，事實上，即是去確定我們對于從前的哲學意識底意見。這個計劃是用對於後期赫格爾哲學底批判形式來實行的。當我們接到情勢改變不許該書出版底通知那時候，兩部硬殼八開本的原稿，久已送到了威斯特發里亞（WestPhalia）的出版所。

自從我們完成了我們的主要目的——解決我們當前的問題——之後，我們遂更切實地以該稿委於對付鼠齧底嚴密批判。在當時關於種種問題我們所有公開發表意見的零亂著作中，我僅記得昂格斯和我合寫的'共產黨宣言'及我個人所寫的'自由貿易論。'我們的理論底主要點，最初提出在我專意反對蒲魯東並於一八四七年出版底哲學之貧困'中；雖然帶有論駁的形式，然而是科學的敘述。關於我用德文寫成的'工資勞動'並附有我在普魯塞耳對德國勞働協會所說的演詞那一篇論文，因為二月革命及二月革命後我從比利時放逐底結果，遂未克出版。

在一八四八年及一八四九年中，Neue Rheinische Zeitung 底發行以及往後所發生的事件，打斷了我的經濟學底研究。直到一八五○年居留倫敦以前，這些研究我還不能重新着手。關於集聚在英國博物院裏的經濟學史底無數材料；關於資產階級社會底考察在倫敦所得到的豐富事實；以及末了似乎由加利福尼亞和澳大利亞金礦的發現而使資產階級社會走進了的新發展階段；使我決意去從始繼續我的研究，並批判地探討新的材料。這些研究一部份變成了像似是偏面的問題．然而對於這些問題,我却不得不停止或長或短的期間。尤其在我的自由已被爲着生活而工作底緊急需要所剝落了的時候。我的工作，即我現在服務八年了的第一流英美新聞底紐約講座（"New York Tribune"）的撰員,在我的研究上發生了很大的阻碍,從我服務報界以來,僅僅偶時從事我自己的研究。然而關於英國和歐洲諸重要的經濟事件底題材,成爲我的投稿底極大部份,以致不得不使我自己熟悉橫在嚴密的經濟學領域以外底許多實際的細目。

我的經濟學研究底經過底這個敍述．僅是證明我的見解是多年有意識的探求底結果，不管別人對牠作怎樣想，也不管牠怎樣與統治階級底得意的偏見怎樣不一致。然而在到科學底進口,必須提出像入地府底進口一樣的要求：

"不得不拋棄一切疑懼,

"不得不除去一切怯懦。"

　　　　馬克斯

　　倫敦　一八五九年，一月。

第一篇
資本一般

第一章 商品

資本主義社會底財富，一目瞭然表現為商品底廣泛的蓄積 因為財富的單元就是單一的商品。但是每一商品都有兩方面，即使用價值及交換價值這兩方面。(註一)

註一 『我們佔有的一切東西,有兩個用處:——一是本來的用處,一是這東西的非本來的和次要的用處。例如鞋子用來穿,也用來交換;兩者都是鞋子底用處。以鞋子來與需要鞋子底人交換貨幣或食物者。的確是把鞋子用作鞋子,但是這並不是鞋子的本來的和主要的目的，因為鞋子不是作好來做交換的目換物的。一切所有物都可以同樣說。」亞歷斯多德政治論第一卷一五頁，一八八五年佐維特（B Joweet）譯。

照英國經濟學者的說話，商品首先是人生中"必要的，有用的或快意的任何東西"，即人類需要底對象，最廣義的生活資料。商品作為使用價值底這種性質與其自然的可以觸知的存在一致。例如小麥是一種一定的使用價值，與棉花，玻璃紙等使用價值不同。使用價值僅僅在使用上有價值，而且僅僅實現於消費過程中。同樣的使用價值可以用種種方法利用出來。但是使用價值底可能的利用底範圍，是受牠的一定的屬性所制限。而且牠不僅在品質上受了制限，並且在分配上也受了制限。按照使用價值的自然的特殊性，各種使用價值有各種不同的尺度，例如一斗小麥，一帖紙，一碼竹布等等。

不管財富底社會的形態如何。使用價值常常有牠的特殊的本質，與那形態獨立。誰也不能由小麥的滋味，告知這小麥是俄國農奴，或是法國自耕農抑是英國資本家所種植的。使用價值雖是社會需要底對象及在社會中互相關連的，却未含有任何社會的生產關係底痕跡。假如我們有一種商品，牠的使用價值是一個金鋼石底價值。我們不能一見這金鋼石，就說這是一種商品。當這金鋼石在賣淫婦的胸前或在切玻璃者的手上作為一種美觀的或機械的使用價值時，牠是一個金鋼石，却不是一種商品。成為使用價值是商品底必要的前題。但牠是否一種商品，却對於使用價值無關重要。於此，使用價值對於其經濟規定底性質沒有關係，即是使用價值橫在經濟學的研究範圍以外。僅在使用價值形成了牠自己的經濟規定時，使用價值方落入經濟學的研究範圍裏。使用價值形成物質的基礎，這基礎直接橫在一定的經濟關係即交換價值之下。

交換價值初看是表現為一種分量的關係。在這一個關係中，各使用價值——互相交換，各使用價值構成相等的交換分量。所以一本普羅叛秀斯

(ProPercius)詩集和八盎斯鼻烟可以代表同樣的交換價值，不管烟葉和挽歌底不相同的使用價值怎樣。作爲交換值價之某一使用價值，如果僅存在於正比例中，是與他種使用價值有一樣價值。一個宮殿底交換價值能够用若干箱的靴墨來表現。反之，倫敦的靴墨製造業者曾以多數宮殿表現了他們的許多靴墨箱底交換價值。所以在某些分量上彼此相等的諸商品，完全與牠們的自然形態無關，並且不問牠們作爲使用價值來供應的特種欲望如何，却取得了交換中各自的地位，通用爲等價物，而且不管牠們的複雜的外形怎樣，體現出同一的實體。

使用價值原本是生活資料，可是這些生活資料自身是社會生活底生產物，是費去的人類生命力卽物質化的勞動底結果。作爲社會勞動底具體化之一切商品是同一實體底結晶物。現在我們且就考察這個實體底特質，卽用交換價值來表現的勞動底特質。

假定一盎斯金，一噸鐵，一夸股小麥和二十碼綢子表現同等的交換價值。這些東西，因為是消失了使用價值間底性質的差異底等價物，所以體現出同種勞動底相等分量。一樣包容在這些東西裏的勞動，一定是一致的，純一的和簡單的勞動。勞動是否包容在金，鐵，小麥或綢子裏，這倒全無關係，正與養氣是否出現于鐵屑中，空氣中，蒲萄汁中或人類的血中之全無關係同。鑛山中的採金掘鐵，種麥和織綢，是性質不同的許多種勞動。事實上，眞正表現爲使用價值底差異之物，是生產過程中生產那些使用價值所有的活動底差異。創造交換價值所用的勞動，正與對于使用價值底物質無關係同，也對于勞動自身的特殊形式無關係。再則，不同的使用價值是不同的個人底活動底生產物，總之，是彼此各不相同的各種勞動底結果。但是作爲交換價值之勞動，體現同樣純一的勞動，卽消失工人底個性底勞動。因此創造交換價值所用的勞動，是抽象的一般的勞動。

假如一盎斯金，一噸鐵，一夸特小麥，與二十碼綢子是等量的或等價的交換價值，那麼一盎斯金，半噸鐵與五碼綢子是不等量的交換價值，而且這個分量的差異是牠們有作為交換值值底可能之唯一差異。作為不同量的交換價值之金，鐵，小麥及綢子，體現為那種簡單的，純一的，抽象的和一般的勞動底或多或少的分量。於是發生如何去測定這些分量底問題，或甚麼得成為勞動實體底分量測定底問題。因為在交換價值底功能上，商品底分量的差異僅是該商品所含的勞動底分量的差異。正如運動是由時間來測定一樣，所以勞動是由勞動時間來測定。勞動底品質既然已知，則勞動長度底差異是能够區別勞動之唯一要素。勞動與勞動時間有同樣的測定標準，即時，日，週等自然時的測定。勞動時間是勞動底有生命的實體，與勞動底形式，內容，個性無關。牠在分量上是勞動的有生命的實體，同時，有牠自身的內在的尺度。體現於商品底使用價值裏之勞動時間，是製造使用價值為交換價值即製造使用價值為商品之實體，並得測定商品價值底一定分量。體現同量勞動時間之種種使用價值底相等分量，互為等價，換言之，一切使用價值都是等價，只要所含的比例包有費去的和物質化的勞動時間底同一分量。作爲使換價值之一切商品，僅是凝結的勞動時間底一定分量。

爲欲明瞭交換價值爲何依勞動時間而定，必須記着以下各要點：勞動還元爲所謂無任何品質的單勞動之還元；創造交換價值底即出產商品底勞動變爲社會的勞動之特殊樣式；末了，作爲使用價值底生產者之勞動與作爲交換價值底創造者之勞動間的差異。

爲要以商品所含有的勞動時間來測量商品，各種勞動必須還元爲無差別的，純一的，簡單的勞動，總之，還元爲品質相同而唯分量不同的勞動。

這個還元表現爲一個抽象，然而這是日常發生于社會的生產過程中的一個抽象。一切商品之分解爲勞動時間比化學上一切有機體之分解爲原素，既不是更大的抽象，也不是更不現實的過程。所以用時間來測定的勞動，實際上不曾表現爲各不同主體底勞動，反之，毋寗是各勞動主體表現爲勞動底唯一工具。換言之，勞動是用交換價値來表現，牠可以確定爲一般的人類勞動。一般的人類勞動底這種抽象物，實際上是存在於某一社會底平均的個人所能完成的平均勞動裏，卽生產上人類筋肉，神經，腦等底一定的耗費裏。平均的個人所能從事的，而且不得不用種種方法去完成的，是不熟練的勞動。這種平均勞動底性質，隨各國各文化階段而不同，但在某一特定社會裏是固定的。不熟練的勞動，構成資本主義社會中之一切勞動底極大部份，這個我們得從各種統計見到。

這是顯然的，假如A爲鐵底生產費去六小時，又爲布底生產費去六小時，B也在六小時裏生產鐵，六小時裏生產布。這不過是應該費去的同一勞動時間之不同的應用，假定A生產了十二小時的鐵，而B也生產了十二小時的布。但是那利用高出於平均勞動底水平線以上之較高的活力和較大的專門技能之熟練勞動是怎樣的呢？這種勞動分解爲複合的不熟練勞動，卽是有較高活力的簡單勞動。例如熟練勞動底勞動日可以等于不熟練勞動底三勞動曰。關于支配這種還元底法則，這裏無庸考察。然而那種還元顯然存在，因爲作爲交換價值之最熟練的勞動底生產物，在一定的比例中，是不熟練的平均勞動底生產物底等價，或等于那不熟練的勞動底一定分量。

交換價值依勞動時間底決定，更含有這個事實，卽是勞動底相等分量是體現在某一已知商品，例如一噸鐵裏面，不管牠是A的勞動或B的勞動，換句話說，不管這爲着某一已知質和量底同一使用價值底生產而費去等量的勞動時間之各個人爲誰。所以說，某商品所含有的勞動時間，卽是該商品的生產所必需的勞動時間。換句話說，在同一普通的生產條件底下，勞動時間是關於同一商品底別一品樣底生產所需要的時間。

創造交換價值之勞動條件，就交換價值底分析所指，是勞動底社會的條件，或社會的勞動底條件。所謂社會的，不是通常的意義，而是特殊的意義。這是社會的過程底特殊形式。勞動底純一的簡單性，首先是指各個人的勞動底相等性，卽指還元為單一勞動之各種勞動所決定的勞動等一性底相互關係。只有用交換價值來表現的各個人勞動，纔獲有這種等一性底社會的特質，並且要表現為交換價值，也只以牠對於一切其他個人底勞動有相等關係為限。

個人底勞動時間更於交換價值中直接表現為一般的勞動時間，而這個人勞動底一般的性質，是其社會的性質底表現。用交換價值來表現的勞動時間，是個人的勞動時間，然而是與完成同一勞動底其他個人無區分之個人底勞動時間。所以某一個人為某一商品生產所需要的時間，即是任何其他個人在同一商品底生產上所應費去的必需勞動時間。這是個人的勞動時間，他的勞動時間，然而不過是共同處分的勞動時間，不管這是屬於那一特殊個人的勞動時間。作為一般的勞動時間之個人的勞動時間，表現在一般的生產物裏，一般的等價裏，即物質化的勞動時間底一定分量裏。這物質化的勞動時間，與直接表現為一個人底生產物之使用價值底特殊形態無關，並得隨意變為使用價值底任何其他形態以表現任何其他個人底生產物。僅作為這種一般的分量之物質化的勞動時間，總是社會的分量。為欲變個人底勞動為交換價值，例如一個人底勞動必須變為一般的等價，即是個人的勞動時間必須表現為一般的勞動時間，或者說，一般的勞動時間必須表現為個人的勞動時間，雖然不同的個人一齊參與他們的勞動時間，並由他們的共同處分，體現勞動時間底不同分量為不同的使用價值，然而這個原則，總是一樣的。所以事實上，個人底勞動時間即是社會為着某項使用價值底生產，或某項需要底滿足所需之勞動時間。但在這裏令我們注意的問題，即是勞動獲得社會的性質所依之特殊形式。假定一紡績工底勞動時間底一定分量實現為一〇〇磅麻紗，假定一〇〇碼竹布即機織工的生產物，體現同量的勞動時間，既然這兩種生產物體現一般的勞動時間底等量，而且是包含同量勞動時間之每一使用價值底等價，所以這兩種生產物也相互為等價。僅僅因為紡績工底勞動和機織工底勞動帶有一般的勞動時間底形式，而且他們的**生產物體現為**一般的**等價物**，所以機織工底勞動是為紡績工而體現，而紡績工底**勞動**是為機織工而體現，這一個的勞動替代那一個的**勞動**，換句話說，他們的勞動底社會的性質是為兩者而體現的。但在家長生產制度底下，這便十分不同：紡績者和機織者同居在一個屋子裏，家中女人擔任紡績，男子擔任機織，供給他們自己的家庭的需要。所以紗和布是家族限界內底社會的生產物，紡績和機織是家族限界內底社會的勞動。但是牠們的社會的性質，不會表現於如次的事實裏，卽是作為一般的等價之紗能够交換作為一般的等價之布，換句話說，這一種交換別一種作為同一一般的勞動時間底均一的和同等的表現。這毋寧是具有自然的**分工**之家族組織。這種分工給予勞動生產物以家族組織所特有的社會特徵。或者我們舉中世紀的賦役和貢賦為例；這是各個人完成底具有自然形態的**特殊勞動**。所以當時構成社會紐帶的，是勞動底特殊性，而不是勞動底一般性。最後我們且就在一切文明民族史底初期所見到的，來看看原始的自然形態中所共同從事的**勞動**。（註二）這是明顯的，那時的勞動底社會的性質，不是指個人勞動取得一般的勞動底抽象形態，換言之，不是指個人的生產物具有一般的等價底形態。共產制度底下的生產底本來性質，使着個人底勞動沒有成為私自的勞動底可能，個人底生產物沒有成為私自的生產物底可能，反之，這種生產是使個人勞動表現為社會機構底一份子底直接基礎。在他一方面，用**交換價值**來表現的勞動，直接表現為**孤立**的個人底勞動。勞動變成社會的勞動，僅由於具有與這種勞動直接相反的形態，卽抽象的一般的勞動底形態。

　　註二　晚近流行着一種偏見，以為原始形態的共有財產是斯拉夫族特有的形態，或者甚至絕對是俄羅斯的形態。其實我們能夠證明原始的形態早已存在於羅馬人，條頓族，和西耳特人（Celts）中，而且關於這種形態底許多例子，現在仍然發現於印度，雖然是在一部份亡滅了的狀態中。關於共產制底亞洲形式底精密研究特別是關於共產制底印度形式底精密研究，可以指示怎樣由原始共產主義底種種形式發展了共產主義的崩解底種種形式。例如得由羅馬人和條頓族的私有財產制度的種種原始樣式，追溯出印度人的共產主義的種種形態。

最後，創造交換價值之勞動底特徵，是將人與人間之社會的關係，竟表現於物與物間底社會的關係底顛倒形態中。僅僅當兩種使用價值具有交換價值底相互關係那時候，各個人的勞動纔獲得成為純一的一般的**勞動之共通性**，所以如果該說**交換價值是人與人間底一種關係**，那就必須補說，這一關係是隱匿在物質的外殼底下。正如一磅鐵和一磅金，不管牠們的不同的物理性質和化學性質怎樣，而表現同樣的重量一樣，作為含有同量勞動的商品之兩種使用價值，也代表同一交換價值。因此，交換價值表現為諸使用價值底自然的社會的規定，即諸使用價值因其是物之故所佔有的一規定，即諸使用價值在一定的比例關係中互相交換或形成諸等價所依之規定，正如形成化學的等價之化學原素是照一定的比例來混合一樣。只根據日常生活底習慣，我們就可想到下面的事是完全顯明的和普遍的，卽社會生產關係應該具有一個物底形態，所以正在勞動之人間底關係，表現爲物與物或物與人間底相互關係。

在商品中，這種神秘化尤其是十分簡單的。作爲交換價值之諸商品間底關係是生產活動中之人間的相互關係，這是人人多少明瞭的。在發展的生產關係裏，失去了這種單純的外觀。關於貨幣制度之一切幻想，起因於以下的事實：卽是不把貨幣看做代表社會的生產關係之物，而看做具有某些性質之自然生產物。攻擊貨幣制度底幻想之諸近代經濟學者，一到他們要去論究高度經濟形態例如資本這時候，便陷於同樣的幻想。當他們本來以爲是極難指稱爲一個物底東西，現在忽然表現爲一種社會關係，後來再當他們寬心大胆去確定牠爲一種社會關係以前，又莫名其妙地再表現爲一個物這時候，這個幻想顯然就是他們的質率的驚疑底自白。

事實上，因爲商品底交換價值無非是個人的勞動——卽同一的與一般的勞動——底相互關係,無非是勞動底特殊的社會形態底物質的表現,說因為財富包括交換價值,故勞動是交換價值以及財富底唯一源泉;這是同義反覆。說自然狀態中的物質沒有交換價值,因為牠不曾包括任何勞動,又說交換價值也不曾包括物質;這一樣是同義反覆。但是在彼得(William Petty)稱"勞動是財富底父親土地是財富的母親",柏克立(Bishop Berkeley)問"四原素和其中的人類勞動或許不是財富底真正泉源"(註三),美國人庫柏(Thomas Cooper)通俗地說:"一片麵包除去由麵粉方面底製麵包者,由收取麥粒底磨粉者和由種植,服事,收穫,選種和播種方面底農民所給予的勞動外,還留着什麼呢,只有野生在農場上不合任何人類目的之少數草寶。(註四)——當時這些意見並不是指作為交換價值底源泉之抽象勞動,而是指作為物質財富底源泉之具體勞動,總之是指能夠生產使用價值之勞動。在假定商品有使用價值時,我們就假定被商品所吸收之勞動底特殊的有用性和一定的合適性,但是從商品底立場看來,就得完全將勞動目為有用的勞動。假定麵包是一種使用價值,我們就留心牠的性質是一種食料,而完全未留意到農夫,磨粉者,製麵包者等底各種勞動,如果利用某種發明能夠省去這勞動底二十分之十九,一片麵包仍然發生從前同樣的作用。就令麵包是從天空落下來的現成物,也毫不會失去牠的使用價值。創造交換價值之勞動,體現於作為一般的等價之諸商品底等一性裏,而作為具有使用目的底生產活動之勞動,體現於勞動所創造的使用價值底無窮的多面性裏。創造交換價值之勞動是抽象的,一般的和純一的,而生產使用價值之勞動是具體的和特殊的,且又是由適應所用的方法和材料之無限種勞動所構成。

註三、柏克立著實問者 (The Querist),倫敦,一七五〇年。

註四、庫柏著經濟學原理演稿 (Lectures on the Elements of Political Economy) 九九頁,倫敦,一八三一年。

若說適應於使用價值底生產之勞動是財富底唯一源泉,卽勞動所生產的物質財富,這是錯的因為勞動既然是想利用物質來適應這個或那個目的之一種活動，便需要物質來作前題，在諸不同的使用價值中，勞動和原料間底比例差異甚大。但使用價值常常有自然的基礎。作爲一種活動冀圖利用種種形態中的原料之勞動，是人類存在底自然條件，卽是人與自然間底物質轉換底條件，與一切社會形態無關。在他一方面，生產交換價值之勞動，是勞動底特殊的社會形態。例如裁縫勞動、在其材料的規定上是特殊的生產活動，生產一件外套，但不曾生產外套底交換價值，交換價值不是由那裁縫勞動所生產的，而是由抽象的一般的勞動所生產的，而且交換價值是屬於不曾由裁縫師所構成之一社會關係。所以古代家庭工業制度底下的婦女製作了外套，却未曾生產外套底交換價值。作爲物質的財富底源泉之勞動，立法官謨西斯（moses）所熟知的，與關稅吏亞丹斯密司所熟知的一樣。（註五）

　　註五、李世特（F.List）絕對不能理解作爲使用價值底源泉之勞動，和作爲財富底一定的社會形態卽交換價值底創造者之勞動間的差異，因爲他的理解力完全與他的實際的思惟無關係,所以他在近代的英國經濟學者中,僅看見埃及人譔西斯底剽竊者。

現在,我們且考察從交換價值依勞動時間底規定所推出之少數命題一下。

每種作為使用價值之商品,都含有牠的有用性,例如小麥是作為一種食料。一架機器得節省若干勞動。商品僅作為一使用價值即作為一種消費貨物底這個功用,可以稱為商品的勤務(Service),即商品表出為使用價值之勤務。然而作為交換價值之商品,往往被目為一種結果,在這場合中,問題不是關于商品所担負的勤務,而是關于商品在生產中經被担負了的勤務。(註六)所以機器底交換價值不是依機器所節省的勞動時間底分量而定,而是依費去于機器本身的生產上並為生產同類的新機器所需之勞動時間底分量而定。

註六、我們確能知道舍易(J.B.Say)和巴斯蒂亞特(F.Bastiat)一流的經濟學者,把我們的『勤務』擬曠演出何種『勤務』,他們的議論的精明,如馬耳薩斯所正當地指出:往往是從經濟關係底特殊的一定形式抽象來的。

所以如果商品生產所需的勞動時間底分量不變，商品的交換價值也會一樣。但是生產底難易則不斷地變更。如果勞動底生產力增加，則在較短時間裏得生產同樣多的使用價值。如果勞動底生產力低減，同一使用價值底生產便需要較多的時間。所以商品所含的勞動時間或其交換價值是一種可變的分量，與勞動生產力底增減成反比例而增減。用於某一預定程度底製造業中之勞動生產力，與用於農業和採掘業中之勞動生產力，都依從於超過人力之自然條件。按照地藏底多少，同一勞動可以採掘各種金屬底多量或少量。勞動在豐年可以體現出兩斗小麥的，而在兇年則只可以體現出一斗小麥。在這種場合中，成為自然條件之稀少或豐富，似乎得決定商品底交換價值，因為稀少或豐富決定靠着自然條件之某些勞動底生產力。

不同的使用價值底不等分量包含同量的勞動時間，或同量的交換價值。包含某量勞動之使用價值若比其他諸使用價值越小，則其特殊的交換價值就越大。假如我們知道某種使用如金，銀，銅，鐵,或小麥,裸麥,大麥,燕麥形成一連特殊的交換價值,這些交換價值雖然不保持恰好同樣的數字比例,却從遠距的文化時代直到於今,都保持相當大量或相當小量底約略比例,從此我們可以演成這個結論;社會生產力底前進的發展,曾經相等地或差不多地影響各種商品底生產所需之勞動時間。

　　某一商品底交換價值不是體現於牠自身的使用價值裏。但是,正如一般的社會的勞動時間底具體化一樣,某一商品底使用價值對於他一商品底使用價值,含有一定的比例。所以某一商品底交換價值是露現在他一商品底使用價值裏,例如我說,一碼竹布值價兩磅咖啡,那麼竹布底交換價值是由咖啡底使用價值來表現的,卽是以這種使用價值底一定的分量來表現的。這個比例旣然已知,我們便能用咖啡來表現任何量的竹布底價值。這是明白的,某一商品如竹布底交換價值不限於任何一商品,例如牠的等價咖啡底比例。一碼竹布裏所表現的一般的勞動時間底一定分量,同時體現於一切其他商品底使用價值底無限的分量差異裏。按照任何別種商品體現與一碼竹布底勞動時間底同等分量之比例，任何別一商品底使用價值形成一碼竹布底等價。所以這個單一商品底交換價值充分表現在無限數的方程式裏，一切其他商品底使用價值都是根據這些方程式，形成牠們的等價。不到某一商品底交換價值已表現在這些方程式底總和裏，或某一商品交換任何其他商品所按照的不同比例如底總和裏，這商品就完全表現爲一般的等價。例如一系列的諸方程式：

　　一碼竹布＝＝半磅茶

　　一碼竹布＝＝兩磅咖啡

　　一碼竹布＝＝八磅麵包

　　一碼竹布＝＝六碼白洋布

　　這方程式可以表現如次：

　　一碼竹布＝＝$1/8$磅茶＋$1/2$磅咖啡＋2磅麵包＋$1\tfrac{1}{2}$碼白洋布。

　　由此，假如我們眼前有這個方程式底總和，一碼竹布底價值完全表現在這個方程式裏，我們便能在一系列的形式中再表現一碼竹布的交換價值。事實上，這系列是一個無窮盡的連貫系列，因為經常擴張的商品範圍，絕對不能限制。但是某一商品底交換價值，固然是由一切其他商品底使用價值來測定，反之，而一切其他商品底交換價值，也是由這一商品底使用價值來測定(註七)

> 註七、『與被測定之物成這樣的關係，即在一定的方法中，被測定之物變為測定物底尺度；這是尺度底性質。』蒙達拉里著(Montanari)貨幣論四八頁。

如果一碼竹布底交換價值表現為半磅茶，兩磅咖啡，或六碼白洋布，或八磅麵包等等，那麼咖啡，茶，白洋布，麵包等便彼此相等，只要牠們含有等於第三物品竹布底同一比例。結果竹布成為牠們的交換價值底共通尺度。作為一般的勞動時間底具體化之各商品，即作為一般的勞動時間底一定分量之各商品，轉而表現牠的交換價值於一切其他商品底使用價值底一定分量裏，而在他一方面，一切其他商品底交換價值是由這一特殊商品底使用價值來測度。然而作為交換價值之各種商品，同時就是那作爲一切其他商品底交換價値底共通尺度之特殊商品。而在他一方面，某一商品僅是每種商品直接體現其交換價値之全系列中的許多商品之一。

某一商品底價値不爲他種商品底數目所影響。但是用以表現其交換價値之方程式底系列底長短，却隨其他商品底種類底多少而轉移。列如用以表現咖啡價値之方程式底系列，指示牠得以交換之範圍和得以完成交換價値底功用之限度。作爲一般的勞動時間底具體化之商品底交換價値，是表現在該商品對於使用價値底無限差異之等價中。

我們已經看出某一商品底交換價値是隨着該商品所直接包含的勞動時間底分量而不同。商品的實現的交換價値，即是商品表現在其他商品底使用價値裏之交換價値，也須依存一切其他商品生產上所費去的勞動時間之變動的比例。假如一斗小麥底生產所需的勞動時間是不變的，而一切其他商品底生產所需要的勞動時間加倍，那麼用小麥的等價來表現的一斗小麥底交換價值，便會變成與前一半大。結果必定是這樣：如同一斗小麥底生產所需的時間總數已經減少一半，而一切其他商品底生產所需的時間不變。諸商品底價值是依在同一勞動時間裏能夠生產該商品所依存的比例而定。爲欲明瞭這個比例可以遇到一些甚麼可能的變化，我們且舉 A 和 B 兩種商品爲例。

第一、假定商品 B 底生產所需的勞動時間是不變的，那麼由 B 來表現的 A 底交換價值，是照 A 底生產所需的勞動時間底漲落而漲落。

第二、假定商品 A 底生產所需的勞動時間是不變的，那麼由 B 來表現的 A 底交換價值，是與 B 底生產所需的勞動時間底漲落成反比例而漲落。

第三、假定商品 A 和商品 B 底生產所需要的時間是照相等的比例而漲落，那麼 A 和 B 底等價底表現是不變的。如果由於某種原因，各種勞動底生產力一致地低落，以致一切商品底生產不得不需要同等增加的勞動時間分量，那麼雖然一切商品的交換價值是不變的，而牠們底價值必然高漲，並且社會的現實財富也必然低減，因為牠在同量使用價值底生產上不得不費去較多的勞動時間。

第四、假定 A 和 B 底生產所需的勞動時間或增或減，但不是一致地，換句話說，A 底生產所需的勞動時間可以增高，而 B 底生產所需的勞動時間可以減低，或者相反，所有這些情形可以總括為一個簡單場合，即是某一商品底生產所需的勞動時間不變，而其他商品底生產所需的勞動時間增高或減低。

任何商品底交換價值是表現在任何其他商品底使用價值裏，不管這是在全體的場合，抑是在部分的場合。作為交換價值之每種商品是能區分的，如同該商品裏具體化了的勞動時間一樣。諸商品底等價是與該商品的物理的可分性如使用價值無關係，正如諸商品底交換價值底總和與使用價值在變為一單個的新商品以後所不得不發生的形態變化無關係一樣。

以上我們已從兩重的觀點即使用價值及交換價值分別考察商品了。但是這商品是使用價值和交換價值底直接的混合，而且僅僅在對於其他商品底關係上，牠纔是一種商品。商品間底現實關係構成商品的交換過程。這交換過程是彼此獨立的諸個人所參與之社會的過程，不過他們在這過程中所佔有的部份僅是商品所有者的部份。他們的相互關係是他們的商品底相互關係，所以他們確實表現為交換過程中有意識的當事人。

　　商品是使用價值，小麥，洋布，金剛石，機器等等，然而同時作為商品之商品，不是使用價值。假如商品對於其所有者是使用價值，即關於所有者自己的欲望底滿足之直接手段，那麼這個必然不是商品。在他看來，這毋寧是非使用價值，這不過是交換價值底物質的寄託者，或者不過是交換手段。作為交換價值底自動的擔當者之使用價值，變成了交換手段。在商品所有者看來，商品是使用價值，僅以該商品構成交換價值為限（註八）但在別人看來，商品還須變成使用價值。商品所以對於其他商品所有者成為使用價值，不是由於對該商品自體的所有者成為使用價值。假如不然，那麼為該商品所費去之勞動便是無用的勞動，而那勞動底結果便不是商品。反之，商品對於所有者自己必須變成使用價值，因為他的生活資料是存在於該商品以外之他人的商品底使用價值裏。為欲變成使用價值，商品必須適合以該商品為滿足手段之特殊需要。所以商品底使用價值是實現的使用價值，經過許多手的變更，即從用牠們作為交換手段的人手裏轉到將牠們變為使用價值的人手裏，僅經過商品底這種場所變更，包含在商品裏的勞動便變成為有用的勞動。在商品底交互變更這過程中，作為使用價值之商品不曾含有任何新的經濟的形態。反之。甚至成為商品底特徵之形態也消滅了。例如麵包從製麵包者底手裏轉到消費者底手裏，並未失去牠的麵包底本性。在他一方面，只有消費者開始目麵包為一種使用價值即一種食品，而在製麵包者手裏底麵包，往往是一種經濟關係底擔當者，即是一種顯然的同時又漠然的目的物。所以在商品變成使用價值時，商品所遭逢的唯一形態變化包有這個事實；即商品不再是形態物，不再是對於商品所有者之非使用價值，也不再是對於不曾取有商品的人之使用價值。爲欲變成使用價值，商品必須完全賣去，必須參進交換範圍，但是在商品的交換價值底功能上，商品是以交換爲主。所以商品爲要實現爲使用價值，必須先實現爲交換價值。

註八、這是指亞歷斯多德所設想的交換價值。(參看本章註一)

從使用價值底立場看，單個的商品表現爲獨立物，但從交換價值底立場看，這個商品首先是表現在牠與一切其他商品底關係裏。然而這個關係僅是理論的，想像的。僅在交換過程中，這個關係才變爲現實的。在他一方面，商品是交換價值，因爲勞動時間底一定分量已爲商品而費去，結果商品表現物質化的勞動時間。但就某一商品而論，牠僅是物質化的特種勞動時間，而不是一般的勞動時間。所以牠不直接是交換價值，而必須首先爲這樣的商品：第一，僅僅等牠表現適應於一定的有用目的之勞動時間那時候，即當牠表現使用價值那時候，牠纔是一般的勞動時間底具體化。僅在物質條件底下，包含在商品裏之勞動方被視爲一般的勞動。所以一方面僅在商品已經實現爲交換價值之後，方得變爲使用價値，他一方面，只要證明該商品是出賣過程中的使用價値，便得表現爲交換價値。

僅對於以商品作爲使用價值，卽滿足某種需要之手段的人，商品纔能賣去爲使用價値。在他一方面，商品是交換其他商品，換言之，假如我們自己站在其他商品所有者底方面，那商品也能賣去或實現，只要該商品與以牠爲對象之特殊欲望相合。在作爲使用價値之商品底全部交換中，各商品的相互關係的基礎，是在各商品的物質差異裏，卽在各依商品的特殊性質來滿足特殊欲望之特殊物裏。但是作爲單純的使用價値之諸商品是彼此無關係的，而且是不能並稱的。作爲使用價値之商品只在關係某些特殊欲望時方得交換。只有作爲等價物之商品是能交換的，而且只有作爲物質化的勞動時間底相等量之商品纔是等價，不管一切關於作為使用價值之商品的自然性質和該商品對於特殊欲望底關係怎樣。反之，若將商品作為一種等價以替代任何其他商品底任何一定分量，商品遂體現為交換價值，不管該商品對於其他商品所有者是否使用價值。但是正因為這商品對於其他商品所有者是使用價值，所以這商品對於他便是商品，而且正因為這商品對於別人是一種商品，所以這商品對於牠的所有者便成為交換價值。由此，同一關係表現為分量同而品質不同之諸商品間的比例，即表現為作為一般的勞動時間底具體化之諸商品的等價，同時即表現為品質不同的諸目的物底關係，或專為滿足特殊欲望之諸使用價值底關係，總之，即諸商品所以區別為諸現實的使用價值之關係。但是這種等價和非等價相互排斥。所以我們不僅遇到諸問題底循環，在這循環中一方面底解決包括着他方面底解決，而且遇到各矛盾主張底總和，因為一方面底遂行與其對方面底遂行直接關連。

商品底交換過程一定釀成這些矛盾底擴大或

解決，然而沒有那一矛盾能夠用這簡單的方法表現於交換過程中。以上我們僅述諸商品為何彼此相關成為使用價值，即是諸商品為何表現為交換過程裏的使用價值。反之，如上所述交換價值表現為我們自己的心裏所形成的一種抽象，或者——假如我們可以這樣說——諸商品底各個所有者的心裏所形成的一種抽象，這些商品儲藏在他的棧房裏作為使用價值，又在他的心中目為交換價值。然而在交換過程中，商品一定單是使用價值，但在相互間也是交換價值，而且應該表現為諸商品自體的相互關係。我們最初遇到的困難便是這個：為欲表現商品為交換價值，即物質化的勞動，首先必須賣去商品於購買者作為使用價值，而在他方面，商品的出賣作為使用價值是以商品的交換價值為前提。但是我們且就假定這個困難已經解決了，假定商品已除去牠特有的使用價值，並由此充實了作為社會的有用勞動而非個人的特殊勞動之物質條件，於是某一商品必變成替代交換過程中一切其他商品之交換價值，即一般的等價，即一般的勞動時間底具體化：並且由此拋棄牠的特殊的使用價值底有限的作用，而獲得直接表現於作為牠的等價之一切使用價值中之能力。但是每種商品恰好都是由剝奪牠的特殊使用價值而表現為一般的勞動時間底直接的體現之商品。然在他一方面，諸商品在交換過程中對立為特殊商品，卽對立為特殊使用價值所體現的各個私人的勞動。一般的勞動時間自身是一種抽象，這抽象不因商品而存在。

我們且考察指示某一商品底交換價值底具體的表現之方程式系列一下。例如：

一碼竹布＝＝兩磅咖啡

一碼竹布＝＝半磅茶

一碼竹布＝＝八磅麵包，等等

這些方程式簡單地指示一般的社會勞動時間底等量是體化於一碼竹布，兩磅咖啡，半磅茶等等裏。但在事實上，這些特殊的使用價值所表現的個人勞動，僅當這些特殊使用價值是按照該使用價值裏所含之勞動時間而現實地相互交換那時候，才變爲一般的勞動，且在那形態中也是社會的勞動。社會的勞動時間潛伏在這些商品裏，即是說，社會的勞動時間首先體現在交換過程裏。我們不是從作爲社會的勞動之個人勞動着手，反之，是從各個人的特殊勞動着手，這種勞動僅僅當牠在交換過程中剝奪其本源的特質時，才表現爲一般的社會的勞動。所以一般的社會的勞動不是現成的前提，而是生成的結果。由此，我們遇到一個新的困難，即是一方面，商品必須參與交換過程作爲一般的勞動時間底具體化，他一方面，作爲社會的勞動時間之個人的勞動時間底這種具體化自身，即是交換過程底結果。

由於剝奪商品的使用價值或商品本源的特質，每種商品便變成交換價值，所以商品在交換過程中必須確具兩重性質。但是交換價值這第二性質僅能由他一商品底形樣來表現，爲甚麼呢？僅僅因爲商品在交換過程中彼此對立。特殊的商品怎樣直接表現物質化的一般的勞動時間，或者換句話說，體化於特殊商品裏之個人勞動時間怎樣直接變成一般的性質？——商品底交換價值底具體的表現，卽作爲一般的等價之各商品底具體的表現，由諸方程式底無限的系列表示如次：

一碼竹布＝＝兩磅咖啡

一碼竹布＝＝半磅茶

一碼竹布＝＝八磅麵包

一碼竹布＝＝六碼白洋布

一碼竹布＝＝其他

上述的方程式是理論的，僅以目商品爲物質化的一般勞動時間底一定分量爲限。但若將上述的諸方程式系列顚倒，則作爲一般的等價之特殊商品底功能便從單純抽象變爲交換過程底社會的結果。例如：

兩磅咖啡＝＝一碼竹布

半磅茶＝＝一碼竹布

八磅麵包＝＝一碼竹布

六碼白洋布＝＝一碼竹布

雖然咖啡，茶，麵包，白洋布，總之一切商品都用竹布表現牠們所包有的勞動時間，而在他一方面，竹布底交換價值則擴大在作爲牠的等價之一切其他商品裏，而且竹布所具體化底勞動時間是相等地表現在一切其他商品底不同分量裏之直接的一般的勞動時間。所以竹布由於一切其他商品對於牠底影響，遂變成一般的等價。作爲交換價值之每種商品是供一切其他商品底價值底尺度。反之，因爲一切商品是用一除外的商品來測定牠們的交換價值，這個除外的商品便變成交換價值底特殊的表現，作爲一般的等價。同時表現各商品底交換價值之無限方程式底系列，便減短爲包括兩數之單一方程式。兩磅咖啡等於一碼竹布底方程式充分表現咖啡底交換價值，因爲在這種表現中，一碼竹布體現爲其他商品底一定分量之直接的等價。由此，在交換範圍中，一切商品是在竹布形態中相互表現爲交換價值。所謂作爲交換價值之諸商品彼此是物質化的一般的勞動時間底不同量這前提，現在可以說有這樣的結果，即是，作爲交換價值之商品除去表現同一貨物卽竹布底一定分量外，再不表現甚麼。由此，一般的勞動時間表現一特殊物底形態，即隨着一切其他商品並在一切其他商品以外而存在之一商品。同時兩磅咖啡＝一碼竹布這公式——在這公式中，某一商品表現爲別一商品底交換價値——尚待實現，單靠賣去作爲使用價値——這個全靠商品已否證實是交換過程中之一定欲望底對象——，商品便現實地由咖啡的存在變成竹布的存在，因此獲得一般的等價底形態，並且確實變成一切其他商品底交換價値。反之，因爲一切商品由賣去作爲使用價値而轉變爲竹布，所以竹布遂變成一切其他商品底轉形，而且僅當竹布是一切其他商品轉變底結果，他方變成一般的勞動時間底直接的具體化，即一般的交換底產物和個人勞動底除棄底產物。由此假如諸商品由此具有兩重性質以表現爲彼此間底交換價値，那麼已指爲一般的等價之商品，遂在他一方面變成兩重使用價値。該商品除去作爲特殊商品之特殊的使用價値以外，曾含有一般的使用價値。這一般的使用價値構成該商品底特殊樣式，這樣式發生於該商品所担負之特殊作用，即交換過程中一切其他商品對該商品所具有之一般的關係的結果。作爲一特殊需要底對象之各商品底使用價值，在不同的人手裏有不同的價值，卽是該商品在出賣商品者手中比在獲得商品者手中，有不同的價值。但是指爲一般的等價之商品，現在是各交換過程中所發生之一般的需要底對象。所以該商品對于任何人都有同樣的使用價值，卽是作爲交換價值底担當者或一般的交換手段。因此，我們遂在某一商品裏，找出該商品所內含的矛盾底解決，卽是特殊的使用價值同時又是一般的等價，卽對於每個人之使用價值或一般的使用價值。所以一切其他商品固然是用除外的商品之想像的方程式——尙待實現的方程式——底形態來表現其交換價值，而特殊的商品底使用價值，雖然是實在的，也在交換過程自身中表現爲一種尙待由變成現實的使用價值來現實之單純形態。商品起先僅表現爲商品，卽體化於特殊使用價值裏之一般的勞動時間。在交換過程中，一切商品與某一除外的商品相關連，與表現爲某一特殊使用價值中之一般的勞動時間底具體化之簡單商品相關連同。所以諸特殊商品是與作爲一般的勞動之那一特殊商品相關連。(註九)這樣,諸商品所有者底相互關係,根據着他們的認定他們的勞動是一般的社會勞動這事實,具有對於作爲交換價值之諸商品底相互關係之形態,而作爲交換價值之商品底相互關係,又在交換過程中表現爲一切商品對於某一特殊商品之關係,卽對於一切商品底特殊適應的表現手段之關係。再從商品底立場看,上述關係表現爲該特殊商品對於一切其他商品之特殊關係,卽表現爲該商品自身一定的,自生的和社會的性質。由此,表現爲一切其他商品底特殊適應的交換價值之特殊商品,或表現爲作成某一特殊除外的商品之商品底交換價值那特殊商品,卽是貨幣。貨幣是商品交換價值底結晶,這個結晶是諸商品自身在交換過程中形成的。所以諸商品旣然由棄去一切特殊的形態而以牠們的直接的物質形態參與相互關係,變成爲彼此間底使用價值,那麼這些商品一定帶有一種新的形態,卽進到貨幣形態以表現為彼此間底交換價值。貨幣不是象徵與使用價值底商品存在是象徵同。若說社會的生產關係具有存在於個人以外之對象形態，個人在社會的生產過程中所參與之一定關係具有特殊性質的對象形態，這是一種顛倒，並且決不是想像的神祕化，而是散文上且為現實的神祕化，具備創造交換價值之一切社會的勞動形態。在貨幣中比在商品中，這一神祕化不過更現得明顯些罷了。

　　註九、這個說明是吉洛衞夕（Genovesi）所用的。

用以凝結一切其他商品底貨幣形態之特殊商品底必要的物理性———如果牠們是直接由交換價值底性質所決定———乃是：任意區分性，諸部分底純一性及各種商品底無差別性。作為一般的勞動時間底具體化之特殊商品，必須在其結構上是純一的，所以只能表現分量的差異。另一必要的性質即是商品的使用價值底耐久性，因為商品最後必須經過交換過程。貴金屬富於這些性質。貨幣既然不是設計或合同底結果，而是交換過程中自然產生的，所以極不同的多少不適用的諸商品都已次第完成了貨幣的功用。在交換過程底某一發展階段中，諸商品裏發生關于交換價值功用和使用價值功用底相反的分配之必要，結果某一商品應作爲交換手段，而別一商品則賣去爲使用價值。這種必要逐使含有最普遍的使用之某一商品或某數種商品開始担負貨幣底任務。這種最普遍的使用雖然不是滿足現存的需要之直接手段，然而是財富底最重要的物質的構成部份，比其他使用價值確實具有更一般的性質。

直接的物品交易，即原始自然的交換形態，寧是使用價值轉化爲商品之開始，而不是商品轉化爲貨幣之開始。交換價值仍然沒有獨具的形態，仍然與使用價值直接地結合。這個是用兩種方法表現的。在全生產過程中，生產正在完成使用價值底創造，而非完成交換價值底創造，並且僅在使用價值底供給超過消費底尺度時，使用價值方不是使用價值，而變成交換手段，即商品。同時，使用價值變成商品僅在兩對方所分配之直接使用價值這限度裏，所以商品所有者所交換的商品，一定對兩對方，即每一商品對每一非商品所有者，是使用價值。事實上，商品交換不始於原始共產社會內部(註十)，而始於原始共產社會崩壞時與其他共產社會接近的少數場合裏。這卽是物品交易開始底所在，從此牠逐侵入原始社會底內部，崩解原始共產社會。所以首先變成各共產社會間底物品交易上之使用價值如奴隸，家畜，金屬等，大都構成各該原始共產社會中最初的貨幣。我們已經知道商品底交換價值表現爲交換價值越完全，商品的等價底系列便越長，即該商品底交換範圍越大。因爲物品交易底逐漸擴張，交易數目底增多，和取來交換之商品底逐漸複雜；商品逐發展爲交換價值，引出貨幣底形成，並對於直接的物品交換有破壞的影響。經濟學者慣以貨幣底起原歸之於擴大的物品交換行程中所遭遇的困難，他們忘記了這些困難是從交換價值底發展，即從社會的勞動變成一般的勞動這事實發生的。例如作爲使用價值之諸商品不能任意區分，牠們必須具有一種作爲交換價值之性質。換句話說，屬於A的商品，可以對於B是使用價值，而屬於B的商品，可以對於A沒有使用價值。或則各商品所有者可以按照不等的比例，需要彼此的不可分的貨物。換句話說，經濟學者假作分析單純的物品交易，指出商品裏所含有的某些矛盾形態是同時包括使用價值交換價值之實體。

在他一方面，他們却堅持這種觀念：卽謂物品交易是交換底自然形態，這種形態僅僅感受某些技術的困難，貨幣便是替代這些困難之一種用意巧妙的便宜手段。從這種完全皮相的見地立論，機巧的英國經濟學者曾經正當地說，貨幣與船舶或蒸汽同，僅是物質的工具，而不是生產範圍裏社會關係底表現，所以也不是經濟的範疇。因此要去在經濟學中論究確實與工藝學無相同點之對象，這是錯誤的。(註十一)

註十、亞歷斯多德對於私的家族，提出與對於原始共產社會同樣的晉說。但是從發展私的家族之歷史的崩壞開始，家族底原始形態是部落家族。『在最初的共產社會卽家族裏，這種技術顯然是無用的。』(前書佐維特譯本)

註十一、『事實上，貨幣僅是專爲實行買賣之工具（但是請問諸君，究竟買賣是甚麼呢？），而且關於貨幣之考察與關於船舶蒸汽或用以利便財富底生產和分配之任何其他工具之考察同，不能形成經濟科學底一部份。』和斯金（Th. Hodgskin）通俗經濟學一七八至一七九頁。

商品世界包容高度發展的分工底存在。這種分工直接表現在使用價值底多樣性裏，這些使用價值作爲特殊商品而彼此對立，並且體現許多不同樣的勞動。包括一切特殊種類的生產業之分工，在其目爲創造使用價值之勞動之物質形態裏，是社會勞動底完全的表現。但是從商品底立場和交換過程底限度看來，這種特殊種類底分工僅存在於其結果裏，即諸商品自身底特殊化裏。

商品交換構成社會的物質轉換過程，即這樣的過程，在那過程裏，私人底特殊生產物底交換是個人在這種物質轉換中所參與之某些社會的生產關係底結果。當這些社會的生產關係發展時，商品底相互關係便結晶爲一般的等價底種種形樣，而交換過程也就同時變成貨幣形式底過程。具有諸過程底連續底形態這整個的過程，遂構成流通。

A 商品學說史附錄

依照商品的使用價值和交換價值這兩重形態之商品分析——根據這種分析，使用價值歸于現實勞動或有計劃的生產活動，而交換價值歸于勞動時間或純一的社會勞動——是古典經濟學派一世紀半的批判的研究底結果。這派始于英國彼替（William Petty）和法國波斯蓋勒柏特（Boisguillebert）（註十二）而終于英國里嘉圖和法國西思蒙第（Sismondi）。

註十二、關於彼替和波斯蓋勒柏特的著作和特性底比較的研究，除去得以明瞭十七世紀末及十八世紀初英法社會底差異以外，更可闡發英法經濟學間之民族的對立底起源。在里嘉圖和西思蒙第方面，也保持同樣的對立。

彼替以使用價值歸于勞動，不曾以勞動生產力底自然限制來騙哄他自己。關於具體的勞動，他把牠配合在牠的社會形態底大小裏，作爲分工。（註十三）關於物質財富底源泉底這種見解，不似他的同時代的人霍布斯一樣無甚結果，却成功他的"政治算術"，卽經濟學所以別爲一門獨立科學之最初形態。

（註十三）彼替曾照以後由亞丹斯密司所說明的更大的規模，說明分工內部所固有的生產力。參看他的『人類繁殖論』三版，一六八六年三五至三六頁。他不僅與亞丹斯密司以後用針的例子證明分析底利益同，來用時計製造底例子證明分工底利益，並且從大工場底觀點來考察一個城市或全國家。一七一一年十一月二十六日現象報（The Spectator）論及這個『可欽羨的彼替底實證』。所以麥克卡羅基（Mcculloch）認爲現象報是把彼替和一小他四十歲的記者混同了，這是他的錯誤。參看麥克卡羅基『經濟學文獻，分類目錄』，倫敦一八四五年一〇五頁。彼替自以爲是這一新科學底創造者。他說，他的方法，『還不是很有用的，因爲他不是單用比較的和最高的言辭，和思辨的議論，』而專去說及『數目，重量或尺度諸名詞，僅採用感覺底議論，並僅考察在自然界中有可見的基礎之諸原因；將依靠非常之人底易變的心理，意見，慾望和熱情之諸原因歸於別的考察。』（經濟算術，倫敦，一六九九，敍言）（赫爾編輯的『彼替經濟著作』新版，一八九九年劍橋大學印書館出版。上節可見於該書第一卷二四四頁。更有其他參考書備載於這個新而益受歡迎的本子上——譯者）。例如他的驚人的勇敢表現在『以愛爾蘭和蘇格蘭所有的動產和人民移到大不列顛底空地』這提案裏。由此許多勞動時間必然節省，勞動生產力必然增加，『國王和人民也必從此益趨富強。』（政治算術第四章二八五頁）換言之他在政治算術第四章裏，證明當時荷蘭尚佔優勢成爲一商業民族，而法國似乎正在進而爲霸稱的商業國家，英國的天職是對世界市場底征服。『英王的人民有充足和便宜的資本去驅策全商業界底貿易。』（前書第十章三一一頁）『英國的巨大障礙不過是一時的和可以除去的。』（前書第五章二九八頁）奇異的恢諧迷漫了他所有的著作。由此，他證明荷蘭——當時英國經濟學者目爲模範國家，正如今日大陸經濟學者目英國爲模範國家一般——征服了世界市場，『並非有像屬於荷蘭人之天使的智慧和判斷』。(前書二五八頁)。他主張『意識自由』是貿易底條件，因爲『非國教者是耐苦的人類，他們相信勞動和勤勉是他們對於上帝之義務』，而且『他們相信財富較少者有更多的智慧和理解，對於祈禱特別有智慧和理解的，大半屬諸貧乏者。』『由此推知商業不是固着於任何一門正教，而寧是固着於全體的異教部分。』(前書二六二至二六四頁)他主張國稅(Publik Tax)底徵收以救濟『專靠討乞，欺詐，偷竊，招搖，借貸而無意歸還的人』，因爲徵收國稅來救濟這些人『比之僅課不留意的易受欺的和溫存的人來害他們以供浪費，較於社會的利益』。(前書二六九至二七〇頁)但他反對將財富從勤勉的人手裏『轉到除飲食歌游跳舞以外而毫無所專的人或研究形而上學的人手裏。』彼替的著作是出版界底稀物，而且僅可以在散亂難堪的古本裏尋得着。然而彼替不僅是英國經濟學底父親，且又是英國民黨 (Enghish Whig) 底老手蘭斯丹侯爵亨利彼替(Henry Petty) 底祖先，這是殊爲奇怪的。然而蘭斯丹家不在書首叙述他的傳記，難於刊行彼替全集。所以關於英國民黨底大有力的家族底起源所能說的，也可以合這樣講，即是『越少說及牠們越好。』在俯首聽命於查理第二之克倫威爾的保護底下，正往愛爾蘭掠奪以外的掠奪物取得他所需要的男爵頭銜。那位伶俐而好嘲的軍醫，是不適於公開展覽之模特兒。此外，彼嘗在生前所發表的大多數著作裏，想去證明英國的興盛在查理第二時代已達到了頂點，是關於『名譽革命』底傳統的掠奪者之異端見解。

他確定交換價值正是表現于商品底交換過程中之形態，卽貨幣，又確定貨幣是一種現存的商品，卽金銀。他抱定貨幣制度底主張，認爲專供金銀生產之特種勞動，卽是決定交換價值之勞動。他所眞正指示的乃是，社會人員底勞動一定不生產直接的使用價值，但生產商品或由交換而能具有金銀形態，卽貨幣形態，卽交換價值底形態，卽一般的勞動底具體化底形態，之使用價值。然而他的例子却明顯地指示，作爲物質財富底源泉之勞動底體現，絕未除棄特殊的社會形態，在這形態中勞動構成交換價值底源泉底錯誤觀念。

說到波斯蓋耳柏特，他以商品底交換價值歸

於勞動時間，如果不是有意識地，無論如何也是實在地；因為他用各個人的勞動時間分配於各工業部門所按照之正比例來決定"眞價值"（La Juste Valeur），並確定自由競爭為決定這些正比例之社會過程。然而同時他與彼替相反，從事熱狂的論戰攻擊貨幣，照他的意見，貨幣破壞商品交換底自然的平衡和調協，而且與放肆的摩洛（Moloch）同，主張犧牲一切自然的財富。的確這種對於貨幣底攻擊是由某些歷史情況所引起的。因為波斯蓋勒柏特攻擊路易十四的朝臣稅收人和貴族所懷抱的盲目破壞的貨幣獲得慾（註十四），所以在他一方面，彼替對於貨幣獲得慾，則贊揚刺激着全國民從事工業發展及世界市場底征服之強力的衝動。這裏依然具有原理上的深刻衝突，這衝突不斷地發生在純正的英國經濟學者和純正的法國學者之間（註十五）。事實上波斯蓋勒柏特但看見財富底物質的內容，即財富底使用價值，即財富底享用（註十六），並認定勞動底資本主義形態，即作為商品之使用價值底生產及該商品底交換，是個人勞動用以達到其目的之自然的社會形態。當他遇着資本主義財富底特殊性質那時候，與在貨幣底場合同，他看到有外來的要素底侵入，所以他對於某一形態中之資本主義勞動制度發憤攻擊，而對於他一形態中之資本主義勞動制度又空想似的讚美。(註十七)波斯蓋勒柏特供獻我們以這個證據，即是個人可以把勞動時間看作商品價值底尺度，同時也可以將包含在商品底交換價值裏且是用時間來測定的勞動與個人底直接的自然活動混同。

註十四、波斯蓋勒柏特爲反對當時『黑暗的財政』，說：『財政學不是關於農業和工業底利益之深刻認識。』法蘭西詳論 (Le Détail de la France) 一六九七年。十八世紀之財政經濟學者 (Economistes financiers du XVIII) 戴爾 (Eugéne Daire)版，一八四三年第一卷二四一頁。

註十五、然而不是拉丁系經濟學；因為意大利人在那不勒斯(Naples)學派及米蘭(Milan)學派中演出英法經濟學者間之對立，而早時的西班牙人，或則是純重商主義者及如烏斯大立茲(Ustariz)之修正的重商主義者，或則如佐維拉羅斯(參看他的Obras, Barcelona)，同與亞丹斯密司主張

『中庸』。

註十六、『眞的財富……卽全享樂物，不僅是人生底生活必需品，而且是一切贊物及一切滿足官能之物。』波斯蓋勒柏特的富之性質論及前書四〇三頁。彼誉是一個輕浮的，有掠奪慾的和無節操的冒險者，而波斯蓋勒柏特縱然是路易十四底下一個監督，却以等於其銳利的思索力之精神力擁護被壓迫階級。

註十七、蒲留東式的法國社會主義感受同一國民的世襲病。

關於作爲勞動時間之交換價值 解說得十分明瞭幾乎盡人通曉之最初明達的分析，正待見於新世界——在這裏與其經營者同時輸入之資產階級的生產關係，急速發生在有剩餘肥地可補足其歷史的缺限之土地上——這人的著作裏。這人便是富蘭克林，他在他的青年時代所寫的並出版於一七二一年的處女作裏，以公式表述近代經濟學底根本法則。(註十八)

註十八、斯巴克編富蘭克林全集第二卷波士頓一八三六年。『關於紙幣底性質和必要之管見』。

他認為必需尋求貴金屬以外之其他價值尺度。這尺度卽是勞動。"利用勞動不獨可以測定其他貨物底價值,也可以測定銀底價值。假定一人從種植穀物,一人採銀煉銀,則在一年告終或某一期,穀底全生產物和銀底全生產物都是各自的事自然價格;又假如穀是二十斗,銀是二十盎斯,時那麼一盎斯銀是相當於生產一斗穀之勞動。現在如果利用某些更近便的更容易的或更豐富的礦山底發現,個人可以獲得四十盎斯銀,如同從前獲得二十盎斯銀一樣容易,而生產二十斗穀仍需要同樣多的勞動,那麼兩盎斯銀便不比生產一斗穀所需之同一勞動價值多,而一斗穀便如二盎斯銀一般便廉,與從前等於一盎斯銀無別,其他情形若均相等。所以一國底財富是由該國有購買力的住民底勞動量來評償。"(見前書二六五頁)因此富蘭克林是從偏面的經濟立場來認定勞動時間是價值尺度。現實生產物成爲交換價值之轉換,這是自身明白的事,唯一的問題是在發見價值底分量的尺度。他說:"一般的商業既然除勞動對勞動之交換以外再非其他，那麼正如我以前所說，一切貨物底價值最合用勞動來測定。"（前書二六七頁）然而以'工作'這個名詞來替代上述的'勞動'，則這一形態中的勞動與他一形態中的勞動之混雜立變明顯。例如因為商業構成靴匠底勞動，礦工底勞動，紡工底勞動，油漆工底勞動之交換，難道可說靴子的價值最合以油漆工的勞動來測定嗎？反之，佛蘭克林却指靴子，礦產，棉紗，漆器底價值是由抽象勞動決定的，這種勞動並沒含有特殊的性質，而且僅能從分量來測定。（前書"關於美國紙幣之批判和事實"，一七六四年）但是因為他不曾發展這個觀念：卽交換價值裏所含有之勞動是抽象的一般的勞動，這勞動具有社會勞動底形態，成為個人勞動底生產物底一般的去讓底結果；所以他必然不能從貨幣來認識這去讓的勞動底直接體現。因為這個原故，他未曾看見貨幣與創造交換價值之勞動間底內在的關係，所以他為技術的便利，僅認定貨幣是由外部引入交換範圍之工具（參看"關於美國紙幣之批判和事實"）。佛蘭克林對於交換

價值的分析，不曾在經濟學底一般趨勢上發生任何直接的影響，因為他僅僅討論到對於經濟學有一定的實施機會之特殊問題。

十八世紀間，現實的有用何動和創造交換價值之勞動底對立，曾以勞種特殊的勞動構成資產階級財富底源泉，這個問題底形式驚動了全歐洲。由此確知不是實現於使用價值或生產某些生產物之每種勞動，都直接地創造財富。然而對於重農主義者，與對於他們的反對者同，焦急的問題不是何種勞動創造價值，而是何種勞動創造剩餘價值。當他們已從牠的單純形態解決這問題以前，他們曾用牠的複雜形態接近這個問題，這即是引導他們由交叉路徑底逆行走到真實的出發點之一切科學底歷史行程。科學與其他建築師不同，不僅建立空中樓閣，並在牠未曾樹基之前，建築供人住居之個別樓房，我們不再論重農主義者，也不省去多少過人的理想而已接近商品性質底正**確分**析之多數意大利經濟學者、(註十九) 且直接說建立資產階級經濟學底總體系之第一國人英國人斯

塔特 (Sir James Steuart)（註二十）他的交換價值的觀念和經濟學底一切抽象底範疇，在他看來，依然像在與該範疇所代表之物質要素分離底過程中，並且現得是十分含糊的和不定的。一方面他以勞動時間決定實在的價值（卽工人一日所能完成的甚麼），同時却又引進工資和原料諸要素來造成思想的混亂，（斯塔特前書，第一卷一八一至一八三頁）他一方面，他對於他所論究的題目底物質的內容之論爭，甚至益加明顯地現出。他稱包容於某一商品裏之自然材料，如銀印板中之銀，是該商品的"內在的價值"，而稱包容於該商品裏之勞動時間是"使用價值"。他說，前者"是自體現實的東西"，而"後者底價值必須依照爲着生產牠所費去之勞動來評價。……爲〔物體形態〕底變更（Modification）所使用之勞動，表示人類時間底一部份。"（斯塔特前書三六一至三六二頁）

註十九、參看意大利古典經濟學論集第三卷加立亞尼（Galiani）貨幣論（卡斯托第編）。Parte Moderna 1803。『他說，只有努力能予任何物以價值。』稱勞動爲『努力』

(Facina)，過勞，盡力是南方人底特徵。

註二十、斯塔特的著作，經濟學原理之研究，關於自由國家的國內政策學之論文，首先是在一七六七年用兩摺本出版於倫敦，即當亞丹斯密司的『國民財富』十年前。我自從一七七〇年的杜布林本引用的。

斯區分斯圖亞特與其前驅和繼承者的，是他的在交換價值中所表現之特殊的社會勞動和生產使用價值之具體的勞動間底精密的區分。他說，由其賣去而創造一般的等價之勞動，我名之爲勤工 (Industry)。他不僅從具體的勞動區別作爲勤工之勞動，並且從勞動底一切其他社會的形態區別作爲勤工之勞動。（參看"商業和工業間底相互關係"第一卷第二篇第一節）。在他看來，勞動底資本主義形態與其上古和中古的形態相反。他對於資本主義的勞動和封建的勞動間底差異特別感到興味，他在蘇格蘭和歐洲大陸底廣闊的旅行中，看出後一種勞動呈現衰落的形態。自然，斯圖亞特深知在資本主義以前的時代，生產物具有商品形態，商品又具有貨幣形態。但他最後證明，僅在資本主義的生產時代，商品纔變成財富底主要的和基本的形態，〔商品〕底賣去纔變成獲得底支配形態，由此，創造交換價值之勞動，在其性質上，是特殊的資本主義的。(註二十一)

  註二十一、所以他指明專替土地所有者供使用價值底直接生產之家長制農業，不是斯巴達，或羅馬甚至雅典國內之一種『濫用』，而是十八世紀的工業國家裏底一種濫用。這種『濫用的農業』不是『商業』，而是一種『生存底直接手段』。正與資本主義的農業開拓有過剩的消費者底鄉村同，資本主義的手工業也開拓有過剩的勞動者底工廠。

在具體勞動底諸不同形態如農業，手工業，航業，商業等，已各自依次宣佈財富底眞正源泉之後，亞丹斯密司聲稱一般的勞動，即具有分工底一般的社會形態之勞動，是物質財富或使用價值底唯一源泉。因爲他忽視自然對於使用價值所担負的任務，所以他在開始論究純社會的財富或交換價值時，他便弄糊塗了。確實，亞丹斯密司是以商品裏包有的勞動時間來決定商品價值，但以這原則底正確應用歸入亞丹斯密司以前的時代。換句話說，他從單純商品底立場所視為真的東西，一到資本，工資勞動，地租等底較高的和較複雜的形態替代單純商品時，就不明白了。他解釋這個說，樂園（Parodise）裏慣以勞動時間來測定的商品價值，資產階級社會中是沒有的，在樂園裏，人們彼此不是以資本家，工資工人，地主，佃戶，金利生活者等相看待，是以單純的商品生產者與商品交換者相看待。他常常混雜商品價值依勞動價值底決定，與商品價值依商品裏包有的勞動時間底決定。他昧於提出詳細說明，不能看出社會過程所不得不實行的各種勞動底客觀的同等化，誤認牠為個人勞動底主觀的同等化。(註二二) 由具體勞動到創造交換價值之勞動，即到具有根本的資本主義形態的勞動之轉換，他想從分工裏推溯出來。但是既然私的交換包含分工是對的，則主張分工包含私的交換便是錯誤的。例如在祕魯人當中，雖然沒有私的交換，沒有作為商品的生產物底交換，而勞動則分至極細的程度。

註二二、所以亞丹斯密司說：「勞動底等量隨時隨地可以說是對於勞動者之同等價值。在勞動者的健康強壯及精神生活底普通狀況中，在勞動者的熟練及敏捷底通常程度中，他必然常常犧牲他的安樂，自由和幸福底同一部份。他所付出的價格一定常常是一樣的，不管他所獲得的貨物底分量多少。的確這些貨物有時可以多購，有時可以少購，然而因之變更的是貨物的價值，不是購買貨物之勞動底價值。……所以只有在其本身的價值上從不變更之勞動是貨物的實在價格等。」亞丹斯密司（第一篇，第四卷三四頁，牛津1869。——譯者）

里嘉圖與亞丹斯密司反對，精細闡明商品價值是由勞動時間來決定，並指示這個法則也支配與這法則十分矛盾之資本主義的生產關係。里嘉圖以他的研究專限於價值底分量的決定。關於價值，他全不懂得這法則底實現是依靠一定的歷史條件這事實。例如他說，依價值勞動時間底決定，對於諸商品皆然，"只要這些商品能依人類勞動底努力與發生無限制的競爭之生產而大量增加。"（註二三）他所真正指說的乃是：價值法則為達到充分的發展，預定實施大規模生產和盛行自由競爭

之工業社會 即近代資本主義的社會。在其他各方面，里嘉圖認定勞動底資本主義形態是社會勞動底永久的自然形態。他將原始的漁夫和原始的獵者目為商品所有者，是按照這些交換價值裏所體現的勞動時間來直接交換他們的魚和獵物。在這裏他犯了時代的錯誤，認為原始的漁夫和原始的獵者在關於他們的勞動工具底計算上，曾參照一八一七年倫敦交易所所通用的年利表。"奧文的平行四邊行"，似乎是他所熟知的資產階級社會形態以外之唯一的社會形態。雖然陷於這個資產階級的限界，里嘉圖却以非常得力的理論的穿鑿，即布魯翰(Lord Brougham)所云"里嘉圖君好像是從另一行星掉下來的"，來分析資產階級經濟，——這種經濟在實際上與表面上看來是全然不同的。

註二三、里嘉圖『經濟學及租稅之原理』第三版三頁；一八二一年倫敦。

西思蒙第與里嘉圖直接相反，他重視創造交換價值之勞動底特殊的社會性質 (註二四)，並說以價值的大小還元於必要的勞動時間，即還元於整個社會底需要和充分滿足這種需要之勞動分量間之關係,是"我們的經濟進步底特質"。(前書一六三至一六六頁)西思蒙第再未困於波斯蓋勒柏特的觀念,卽謂創造交換價值之勞動是與貨幣相混,而正與波斯蓋勒柏特非難貨幣同,非難大的工業資本。里嘉圖的經濟學在不胡亂地推出其最後的結論以後,便達到牠的頂點,而西思蒙第則將經濟學自身的疑點人格化來補充經濟學。

註二四、西思蒙第『經濟學研究』第二卷一六一頁:『這是使用價值和商業將一切東西所還元的交換價值間底對立。』

因為里嘉圖給予古典經濟學以最後的型式,用最大的精敏來形成並說明由勞動時間而決定交換價值之法則,所以經濟學者間的一切論爭,自然應集中在他身上。除去牠的瑣屑的(Puerile)形態,這個論爭得概括為以下諸點:(註二五)

註二五、也許目為最無謂的就是舍易對於康斯坦夕安(oustancio)譯里嘉圖底法譯本之註解,而最自炫地誇大的便是麥克里德(Mc Leod)在其近著『交換論』上的評論,檢散1858。

第一：勞動自身有交換價值，不同類的勞動有不同的交換價值。我們將交換價值作為交換價值底尺度，是陷於循環論法、因為測定其他交換價值之交換價值自身也需要一個尺度。這種反駁可以歸結為下面的問題：假定勞動時間是交換價值底內在的尺度，由此得說明工資底決定。工資論給予這個問題以答復。

第二：假如生產物底交換價值等於該生產物所包有之勞動時間，那麼一日勞動底交換價值即等於那勞動底生產物。換句話說，工資必須等於勞動底生產物。(註二六) 然而這反駁恰好是事實。因此，這個反駁得歸納為下面的問題：建立在單以勞動時間來決定交換價值這法則上之生產，如何釀成勞動底交換價值少於勞動生產物底交換價值之結果。

註二六、資產階級經濟學者攻擊里嘉圖時所採用之反駁，後來又為社會主義者所採用。他們假定公式底正確，非難實施與理論底矛盾，並要求資產階級社會去在實施上認識從牠的理論的原則可以推出的結論。這個至少是英國社會主義者改變里嘉圖的交換價值底公式來攻擊經濟學所採用之方法。我們記得蒲魯東先生不僅承認舊社會底基本原則是新社會底原則，而且認他自己是里嘉圖綜合英國古典經濟學派底總結果所成之公式底發現者。上面已經證明，當蒲魯東先生在海峽別地「發見」了這公式底時候，里嘉圖的公式底空想的解釋漸次在英國遺忘了。(參看拙著哲學之貧困，巴黎，1847年，關於構成價值底一節)

第三：隨着供給和需要底變化關係，商品底市場價格或則低於其交換價值，或則高於其交換價值。因此，商品底交換價值是由供給和需要底關係，而不是由商品所包有之勞動時間來決定。事實上，這個奇妙的結論不過合成這一問題：即是，建立在交換價值上面之市場價格怎能與那交換價值相違呢？或者更切當地說，交換價值底法則怎麼會出現在牠的反對方向呢？這問題在競爭論裏解決了。

第四：最後的和無疑義是最顯著的駁論，縱不曾用奇妙的實例底通常形式提起過、假如交換價值僅是商品裏所包有的勞動時間而非其他，那麼不包含勞動底商品如何獲得交換價值，換句話說，從何生出單純自然力底交換價值？這問題已在地租論裏解決了。

第二章 貨幣或單純流通

在關於一八四四年及一八四五年底庇爾銀行條例 (Sir Robert Peel's Bank Act) 之國會辯論上，葛拉德士吞 (Gladstone) 說，就是戀愛也不會如關於貨幣本質之考察一樣，迷惑如許多人。他向英國人說及英國人。反之，不管皮替的懷疑怎樣，自古對於貨幣投機有"天使的智慧"的荷蘭人，從未對關於貨幣的考察失神惶亂。

只要懂得「商品到貨幣之發展，關於貨幣分

析之主要困難就已克服了。這點一經成立,以後便只須去明白理解特殊的貨幣形式,然而這又由於如次的事實而發生多少困難,即是,一切資產階級的關係既然是金鍍金或銀鍍金,便有貨幣關係底表現,所以貨幣似乎含有與貨幣形態毫無關係之諸形態底無限差異。

在以下的研究中,僅僅論究那些直接發生商品底交換價值之貨幣形態,即屬於高階段生產之貨幣形態。信用貨幣這裏不會討論。為簡便計,金全被假定為貨幣商品。

一

價值尺度

第一流通過程可說是構成到達現實的流通之理論的準備過程。第一，具有使用價值性質之商品，創造這些商品相互表現爲理想的交換價值之形態，即表現爲具體化的一般勞動時間底一定分量之形態。照我們所述，這個過程中首要的步驟，卽是作爲一般的勞動時間底直接的具體化，或一般的等價之某一特殊商品與諸商品之分隔。我們且退回來重述商品轉化金爲貨幣之形態一下。

$$1 \text{ 噸鐵} = 2 \text{ 盎斯金}$$

$$1 \text{ 夸特小麥} = 1 \text{ 盎斯金}$$

$$100 \text{ wt. 摩加咖啡} = \tfrac{1}{4} \text{ 盎斯金}$$

$$100 \text{ wt. 炭酸鉀} = \tfrac{1}{2} \text{ 盎斯金}$$

$$1 \text{ 噸巴西木材} = 1\tfrac{1}{2} \text{ 盎斯金}$$

$$Y \text{ 商品} = X \text{ 盎斯金}$$

在上述諸方程式系列中，鐵，小麥，咖啡，炭酸鉀等等，彼此都表現爲純一勞動底具體化，即體化於貨幣裏之勞動。表現於各種使用價值之各種具體的勞動底一切特殊性從此完全消失。這些商品作爲價值，都是一致的，都是同一勞動底具體化，或勞動底同一具體化，即黃金。作爲同一勞動底同一具體化之諸商品，僅表現一種差異，即**分量**的差異，換言之，即表現爲不同的價值**分量**，因爲勞動時間不等的**分量**包含在這些商品底使用價值裏。這些個別的商品底相互關係，即是一般的勞動時間底具體化底相互關係，因爲牠們對於一般的勞動時間，與對於一除外的商品——金，發生同樣的關係。同一關係底發展使諸商品彼此表現爲交換價值，也使金所含之勞動時間表現爲一般的勞動時間。這個一般的勞動時間底一定分量，又表現於鐵、小麥、咖啡等等底不同分量裏，總之，表現於一切商品底使用價值裏，或直接擴大於商品等價底無限系列裏。一切商品都由金來表現牠的交換價值，而金又由一切商品表現牠的交換價值。因爲諸商品在相互關係上具有交換價值底形態，故以一般的等價底形態或貨幣形態給予金。

因爲一切商品都是用金來測定牠們的交換價值，卽依一定的金分量與一定的商品分量所含有之同長的勞動時間的比例，來測定牠們的交換價值，所以金遂成爲價值底尺度。僅僅由於成爲價值尺度之這種功能——有了這種功能，金自身的價值遂直接由商品底等價底全範圍來測定——金遂變成一般的等價或貨幣。在他一方面，一切商品底交換價值是用金來表現。在這個表現上量的方面與質的方面區分了。商品底交換價值之存在是同一無差的勞動時間底具體化，而商品價值底大小完全表現了，因爲照商品與金相等所按照之同一比例，諸商品亦彼此相等。商品的金等價，一方面表現商品所含之勞動時間底一般的特質，他一方面表現商品的分量。所以表現為一般的等價，同時又由某一特殊商品表現為這等價底分量之商品交換價值，或表現為與某一特殊商品相等的諸商品系列之商品交換價值，即是價格。價格在出現於流通過程內部時，是商品底交換價值轉化而成的形態。

商品在以金價格來表現牠的價值時，同時逐轉變黃金為價值底尺度，即貨幣。如果諸商品都是用銀，小麥，銅來測定牠的價值，表現為銀價格，小麥價格，銅價格，那麼銀，小麥，銅一定是價值底尺度，並且是一般的等價。為要表現為流通中的價格，商品在參與流通以前，必須是交換價值。僅僅因為一切商品都是以黃金評價牠的交換價值，黃金纔變成價值底尺度。然而這種關係底全面性——這是發展底結果，而且單由此使金具有價值尺度之功用——包含着：每一個別的商品是用金並按照兩者所含有的勞動來測定：商品和金底現實的共通尺度是勞動；商品和金相互在直接的貨物交易中表現為相等的交換價值。至於這個相等化當真是如何發生的，不能在論究單純流通時討論。然而這是如此明白的，在生產金銀的國家裏，一定的勞動時間分量直接體現於一定的金銀分量，而在不生產金銀的國家裏，則以各該國商品底直接的及間接的交換由迂迴路徑達到同樣的結果，即國民的一定的平均勞動量變為體現於礦產所有國的金銀中之一定的勞動時間量。金欲能夠作為價值尺度，必須盡可能地是可變價值，因為金只在是勞動時間底具體化時，纔能變成其他商品底等價，而同一勞動時間隨着具體勞動底生產力底變化，表現為種種使用價值量。以金評價一切商品，這不過是假定金在某一時期中表現某一勞動量而已，正與以任何其他商品底使用價值來表現任何一商品底交換價值之情形同。上面所說明的交換價值法則，對於金底價值底變動完全適用。如果商品底交換價值不變，那就僅在金底交換價值低落時，商品的金價格底一般的騰貴才可能。如果金底交換價值不變，那就僅在一切商品底交換價值高漲時，金價格底一般的騰貴才可能。在商品價格底一般的低落場合，情形恰恰相反。假如一盎斯金底價值隨着金生產所需之勞動時間底變動而漲落，那麼一切其他商品底價值也隨之漲落至同一程度。所以金底盎斯，無論在變動前後，都是表示屬於一切商品之勞動時間底某一已知分量。同樣的諸交換價值，現時是用比從前較大或較小的金分量來評價，可是這些交換價值是按照金分量的價值底大小底比例來評價的，所以彼此常常保持同樣的比例。2:4:8與1:2:4或4:8:16一樣。隨着金價值底變動而評價交換價值之金分量底變動，不曾防碍金作爲價值尺度的功用，正與比金價值小過十五倍之銀價值不曾防碍金去完成這種功用同。因爲勞動時間是金和商品底共通尺度，又因爲金僅在以牠來測定一切商品時才作爲價值尺度，所以謂貨幣變商品爲可以通約的這種意見，徒然是關於流通過程底一種空想（註一）。轉變金爲貨幣的，毌寧是作爲具體化的勞動時間之商品底可通約性。

商品本具體的使用價值形態參入交換過程，然而仍待由商品底讓渡而變爲現實的一般的等價。商品的價格底決定僅是商品變爲一般的等價之理想的轉化，即變爲等於尚待實現的金之過程。但是因爲商品價格僅在想像上轉變成金，或僅轉化爲想像的金，又因爲商品的貨幣形態與商品的現實存在無別，所以金也僅在想像上變成了貨幣，即僅表現爲價值尺度。且在事實上，一定的金分量僅是對於一定的勞動時間量之名稱。金凝結爲貨幣形態常依諸商品彼此表現各自的交換價值之方法而定。

註一、亞歷斯多德的確看出了商品交換價值裏潛伏着商品價格：『交換明明存在於鑄貨以前，因爲無論以五架床交換一所房屋，與交換五架床所值的貨幣，毫無差異。』在他一方面，因爲商品僅在價格上具有相互的交換價值底形態，所以人們遂利用貨幣使商品變爲可通約的。『所以一切都得評價。這樣，交換可以常常發生，並且有了交換，社會能夠存在。鑄貨與尺度同，使着一切物成爲可通約的和相等的，因爲沒有交換，便不會有社會，沒有平等，便不會有交換，沒有通約性，便不會有平等。』他不曾忽視依貨幣所測定的這些不同的對象物是完全可通約的分量。他所要求的，是作爲交換價値之商品底共通的單元，這是一個像他般的古希臘人所不能發現的。然而因爲不得不要達到實施的目的，他乃將本身不能通約的貨幣變爲通約的來解除這困難。『的確不能變如此不同的東西爲可通約的，但爲達到實施目的，這是容許的』亞歷斯多德著Nicomachea 論理學第五卷第八章，一八三七年。

交換價値與價格底差異僅是名目上的；或則如亞丹斯密司所說，勞動是現實的商品價格，而貨幣是名目的商品價格。如果一盎斯金是三十日勞動底生產物，那麽一夸脫小麥不是用三十日勞動來評價，而是用一盎斯金來評價。然而不管這種僅是名目上的差異怎樣，凡在現實的流通過程上襲擊商品之一切風潮，都集中在這個週圍。三十日勞動包括在一夸脫小麥裏，所以不須用勞動時間來表現。然而金是與小麥截然不同的一種商品，所以一夸脫小麥究竟能否現實地變爲牠的價格中所預料的一盎斯金，僅在流通中方能證明。這個要靠證明那一夸脫小麥是否使用價値，那小麥所含有的勞動時間底分量是否社會上關於一夸脫小麥底生產所必要的勞動時間分量。這樣的商品即是一種交換價値，牠有一種價格。在交換價値和價格底這個差異中，伏有這一事實底表現：即是，包含于某一商品裏之特殊的個人勞動首先須經過讓渡過程，用牠的反對物來表現，即表現爲非個人的，抽象的，一般的勞動，總之即社會的勞動，即貨幣。個人勞動能否如此表現，這似乎是一件偶然的事情。所此商品底交換價値雖然僅在理想上有價格的殊異的存在，而包含于該商品裏的勞動底二重性，却依然完全表現爲兩個殊異的存在形態，所以一般的勞動時間底具體化即金，雖然僅僅作爲一種理想的價値尺度，與現實的諸商品對立，可是關於成爲價格之交換價値或成爲價値尺度之金這事實，含有出賣商品以換取現金之必然性和商品不出賣（Non-alienation）之可能性。總之，這裏潛伏着全部矛盾。這矛盾是商品都是生產物底事實裏所固有的，或私人的特殊勞動非具有正相反對底抽象的一般的勞動形態不能發生社會的效果底事實裏所固有的。正爲這個原故，所以單要商品不要貨幣之空想家，卽單要私人交換底生產制度而不注意這制度下潛伏着的必然條件之空想家，一致主張不僅破壞貨幣底可以手觸的形態，並且破壞貨幣的價值尺度底虛無飄渺的形態。在不可見的價值尺度底下，潛伏有現金。

金變爲價值尺度和交換價值變爲價格之過程一經完成，一切商品價格僅表現爲想像的種種金分量。作爲同一物品卽種種金分量之商品，是彼此相等的，彼此比較的，彼此測定的，由此發生以商品歸於一定的金分量作爲尺度單位之技術的必要，這單位因有能够一再分爲諸可除部分之可分性，遂發展爲一種標準的尺度。(註二) 但是那些金分量是由重量來測定的。所以測定底尺度是在金屬重量底一般的測定裏尋找，所以凡是金屬流通佔勢的地方，這些測定原先是作爲價格底尺度。因爲諸商品旣不再彼此相關作爲用勞動時間來測定之交換價值，而但作爲用金來測定之同一名稱底大小，所以金遂由價值底尺度一變而為價格底標準。這個作為種種金分量之商品價格底相互比較，於是遂結晶為數字關係，這些數字關係依持一種假定的金分量，並表現這金分量為各可除部份底價格標準。作為價值尺度之金與作為價格標準之金有全異的形式規定，而這兩者底混同遂釀成最胡亂的諸學說。金是一種體現勞動時間之價值尺度，是作為一定的金重量之價格標準。因為金對於作為交換價值之諸商品有交換價值底關係，所以金遂變成價值尺度，又因為金是價格標準，所以一定的金分量又作為其他金分量底單位。金所以是價值尺度，因為牠的價值是可變的，金所以是價格標準，因為牠確立為不變的重量單位。在這場合中，正與在決定同一名稱底分量底諸場合中同，樹立一定的和無差的尺度單位是十分重要的。關於定某一金分量為尺度底單位並定牠的可除部份為該單位底小分類之必要，已發生這種思想：即謂本來有使用價值之一定的金分量，對於諸商品底交換價值，具有一固定的價值關係。忽視了在黃金發展爲價格標準以前，商品底交換價值已轉化爲價格，即轉化爲金分量底事實。金底價值無論怎樣不同，各不同的金分量底價值關係總是不變的。假定金底價值低落了十倍，十二盎斯金仍然有一盎斯金十二倍大的價值，價格上所要考慮的唯一問題僅是不同的金分量間之價值關係。在他一方面，因爲一盎斯金底價值底漲落不能改變金的重量，所以金的各可除部份底重量也不能發生改變。因此無論金價值怎樣變動，金總是一樣作爲不變的價格標準。(註三)

註二、關於金底盎斯在英國作爲貨幣尺度底單位不曾區分爲可除部份之特殊情形，已說明之如次：「我國貨幣制度原來僅適用於銀底使用――因爲一盎斯銀常能區分爲某一適當數目的小幣；但自晚近採用金爲僅適用於銀之鑄貨以來，金底盎斯不能鑄爲某一適當數目的小幣。馬克拉稜（Maclari）著幣制史一六頁，倫敦一八五八年。

註三、「貨幣的價值可以不斷地變動，然仍不失爲價值底尺度，好像牠是永久固定的一般。以價値減少而言，……在價值減少之前，一金幣（guinea）可以購買三斗小麥或六日勞動。在價值減少之後，一金磅便只可以購買兩斗小麥或四日勞動。在這兩種情形中，小麥和勞動對於貨幣底關係既已知道，牠們的相互關係便能推知，換句話說，我們得確定一斗小麥值價兩日的勞動。測定的價值底所含有的一切，在價值減少以後與在價值減少以前是一樣容易確定的。某物得作爲價値尺度之優點，完全與其自身的價値的變動無關。』（貝力（Bailly）『貨幣及其變遷』一一一頁，一八三七年倫敦出版。

以後我們將要說明的由金屬流通所決定之歷史過程，達到如次的結果：即貴金屬在其作爲價格標準底功能上，保持同一的重量名目，而非經常變動的及減少的重量。所以英國的的金磅所指示的不及牠的原重量三分之一，蘇格蘭的金磅，在英蘇合併以前，僅指示原重量三十六分之一，法國的 Livre 僅指示原重量七十四分之一，西班牙的 Moravedi 不及指示原重量千分之一，葡萄牙的 Rei 指示更小的分數。此即種種金屬重量底貨幣名目與一般的重量名目間的差別底歷史的起源。(註五)因爲尺度底單位，單位的可除部份及可除部份的名稱底決定都純全是慣例的，又因爲牠們在流通內部應獲有一般性和必然性，所以牠們得由法律來確定。由此，純粹形式的實施乃政府所提倡。(註六) 作爲貨幣材料之金屬，早就爲社會所採用。在各不同的國家裏，法定的價格標準自然是不同的。例如在英國，作爲金屬重量之盎斯，是區分爲 Pennyweights, Grains, 和 Carats Troy, 而作爲貨幣單位之金盎斯則分爲三個八分之七的 Sovereign, -- Sovereign 分爲20先令，一先令又分爲12辨士，所以 100鎊22 開的金（1200盎斯＝＝4672 Sovereign及10先令。然而在消滅了國界底世界市場上，貨幣尺度底民族的特質也消滅了，而代之以一般的金屬重量底尺度。

　　註五、『在今日是想像的鑄貨〔卽牠的名稱再不與牠的價值相符〕，在較古的時候曾通用於一切民族間；這些鑄貨曾一時都是現實的，而且因此之故，曾用之達計算底目的。』加利亞尼(Galiani)著貨幣論一五三頁。

　　註六、浪漫主義者米勒 (A. Müller) 說：『照我們的意見，每個獨立的當局都有權利去給予金屬以貨幣名號並實施上廢除得更早。使着米勒竟被稱爲浮空概念底經濟學者的有兩件事情：第一是他對於經濟的事實全然不知，第二是他對於哲學之淺薄而狂信的態度。

商品底價格或由商品所想像地轉化的金分量，現在是用金本位底貨幣名稱來表現，所以在英國，不說一夸脫小麥值價一盎斯金，而說值價3鎊17先令$10\frac{1}{2}$辨士。所以一切價格都是用同一名稱來表現。商品的交換價值所賦之特殊形態轉變成了貨幣名目，各商品遂由這貨幣名目而得知各值價幾何。貨幣再又變爲計算貨幣。(註七)

註七、有人問阿那察夕西（Anacharsis），希臘人爲甚麼要用貨幣，他答道：『爲要計算。』

只要是用交換價值來說明任何種財富底問題，我們遂在我們的思想上，文字上以及談話上將商品轉化爲計算貨幣。(註八)關於這個轉化，我們需要金的實體，但徒然是想像的而已。爲欲用一定數目的金盎斯來評價一千包棉花底價值，並用盎斯底名目即鎊，先令，辨士來表現這盎斯底數目，並不需要絲毫的現金。所以在一八四五年庇爾給牠予以名目的義上的社會價值,等級,品位和稱號。[政治學初步第二卷二七六頁,一八〇九年柏林出版。關於稱號和夫拉斯的意見是對的,但他忘記了貨幣的實質。他的意見是如何混亂,從下節可以見到。『人都知道額面價格底正決定有如何重大,特別在英國這種國家裏,政府本其雄圖無報償地鑄製貨幣(米勒似乎以爲英國政府官吏用他們自己的貨幣來支付鑄造的用費),而且政府不索取任何鑄造料等,所以金底額面價格如果高於金底市場價格遠甚,即每一益斯金如果不照現在支付3磅17先令又10½辨士,而定其價格爲3磅19先令,那麼一切貨幣都會流入造幣局交換造幣局裏的銀,再以銀運入市場來交換更廉價的金,同樣又將更廉價的金運入造幣廠,整個的貨幣制度便因之混亂。』(前書二八〇至二八一頁)。爲維持英國貨幣制度底秩序,米勒倒陷於『混亂』。因爲先令和辨士僅是由銀和銅底名目所代表之一益斯金底某些部份底名稱,他遂想像一益斯金是由金,銀,銅來評價的,所以他祝福英國人有三重價值底標準。與金同爲貨幣尺度之銀,僅在一八一六年喬治三世五十六年的第六十八條法令上才正式廢除。實則這事早在一七三四年已由喬治二世的第十四年第四十二條法令廢除了,且在銀行條例施行以前的蘇格蘭，沒有一盎斯現金流通，縱然一盎斯金是用英國的計算標準表現爲3鎊17先令又10½辨士，作爲法定的價格標準。同樣在西伯利亞和中國底貿易中，是以銀作價格標準，雖然那種貿易畢竟是物品交易。所以貨幣尺度底全單位或其分數無論是否眞正鑄造，這對於作爲計算貨幣之貨幣是無關重要的。英國在威廉一世時代，僅以一鎊即純銀一鎊及先令即純銀一鎊之二十分之一爲計算貨幣，而辨士即純銀一鎊之二百四十分之一，是當時存在的最大的銀幣。在他一方面，英國今日沒有先令和辨士，雖然這是對於金盎斯底一定部份底法定名目。作爲計算貨幣之貨幣可以完全存在於觀念上，而現實存在的貨幣則可以按照全然不同的標準來鑄造。所以直到近時，在北美的許多英屬殖民地裏，流通的貨幣仍舊是十八世紀底西班牙鑄貨和葡萄牙鑄貨構成的，雖然計算貨幣已和英國本部一樣普及。(註九)

註八、加里耳（G. Garnier）爲亞丹斯密司著作底初期法譯者之一，堅信確定計算貨幣底使用和現實貨幣底使用之比率底奇想。他的比率是十對一。加利耳著『貨幣史』第一卷七八頁。

註九、規定菸草爲法貨但其價値得還元爲英國的金貨幣，即一辨士等於菸草一磅之一七二三年馬里蘭法令，還留著"Leges borbarorum"。反之在"Leges borbarorum"中，一定的貨幣額是用牡牛牝牛等來表現。在這場合中，計算貨幣底現實的材料不是金銀，而是牡牛與牝牛。

貨幣作爲價格底標準時，表現與商品價格同樣的計算名目，所以3鎊17先令又10½辨士底數目，一面可以指示金一盎斯底重量，他一面又指示一噸鐵底價値；按照這個事實，貨幣底這個計算名目遂稱爲貨幣的鑄幣價格（Mint Prix）。因此發生了這種奇怪的觀念：即謂金底價値是由金自身的物質來評價，並與一切其他商品相反，金價格是由國家來確定的。謂以計算名目歸予一定的金重量，與以計算貨幣確定這些重量底價値是同樣的事，這是思想錯了。（註十）金旣是決定價格之一要素，即金旣完成計算貨幣底功用，牠就不僅沒有固定的價格，並且沒有任何價格。爲欲得有一種價格，即是為欲用某一特殊商品來表現金自身是特殊的等價，其他商品不得不在流通過程中擔負與金同樣獨特的任務。但是排斥一切其他商品之兩商品也彼此互相排斥。所以凡在法律上規定金和銀齊同完成貨幣底功用或價值尺度底功用之處，常想將金銀目為同一物質，然而無效。假如同一勞動時間底**分量**所具體化的**金分量**和**銀分量**之間有一個不變的比例，事實上即假定金銀是同一物質，即假定某**量**價值較少的金屬或銀是金底不變的**分數**。自愛多亞三世時代至喬治二世時代，英國**貨幣**史包括由金銀價值間底法定比例底抵觸和其現實價值底動搖所釀成的長期混亂。有時金價過高，有時又銀價過高。在那時評價得比其價值低之金屬，已排去於流通之外，融解並輸出了。然後法律再又變更這兩種金屬底價值比例，但是新名目上之價值關係，又與現實的價值關係發生衝突。在現代，由於印度支那需要銀底結果，金與銀比起來，金底價值底極微的和一時的低落，在法國按更大規模地發生了同樣的現象。即銀底輸出及銀被金驅去流通過程。在一八五五年一八五六年及一八五七年之間，法國金輸入超過金輸出合計爲41,580,000鎊，而銀輸出超過銀輸入爲14,704,000鎊。事實上，凡是以這兩種金屬爲法定的價值尺度及法定貨幣，各人得隨意支付任何一金屬之國家裏，價值高漲的金屬更增至額面價格以上，且與其他各商品同，是用實際上單作爲價值尺度之過高評價的金屬來測定牠的價格。關於這問題之一切經驗和歷史底結果，簡直是這樣：凡在兩商品衣法擔負價值尺度底功用之場合，事實上僅有一商品維持價值尺度底地位。(註十一)

註十、例如在烏葛哈特(David Urquhart)的『成語集』上，所云如次：『金的價值尙須由金自身來決定；其他物品裏的任何物質怎能是牠自身的價值尺度呢？金的價值是由金自己的重量來確定的；在該重量底虛僞的稱呼底下，卽一盎斯價値若干鎊及又幾分之幾。這正是僞造尺度，不是確定標準。』

註十一、『貨幣是商業底尺度和一切東西底比例底尺度，所以應該視爲固定的和不變的(與其他尺度同)。然若你的貨幣是兩種金屬作成的,而這兩種金屬的價值關係常常又相因而變動則貨幣不能是固定的或不變的。」洛克著關於利息等低落之考察(見洛克全集第七版第三卷,一七六八年倫敦)。

B. 關於貨幣尺度底單位之諸學說

商品僅轉化成作為想像的價格之金，與金僅轉化成想像的貨幣底假定，遂發生想像的貨幣尺度底單位說。因為在價格決定上，金銀僅作為想像的計算貨幣，所以遂確認鎊，先令，辨士，德幣佛郎等名目，不表示金銀底一定的重量或何等具體化的勞動，寧表示想像的價值分子。因此，假定一盎斯銀底價值應該高漲，那麼這一盎斯銀自然含有較多的價值分子，便不得不用更多的先令來評價和鑄造。這個學說導源於十七世紀末，再又復活於最近的英國商業危機中，甚至由國會附在一八五八年七月成立的銀行條例委員會底報告書上的兩個特殊報告裏發表。

威廉三世卽位時，英國一盎斯銀底貨幣價格為五先令又二辨士，卽銀十六分之一盎斯等於一辨士；十二辨士稱為一先令。按照這個標準，則重六盎斯的銀塊，應該鑄成三十一個小幣，各稱為一先令。但是一盎斯銀底市場價格高出其貨幣價格，卽由五先令二辨士高達六先令三辨士，換句話說，要購買重一盎斯的銀條，應付六先令三辨士。旣然貨幣價格對於一盎斯銀底可除部份僅是一種計算名稱，則一盎斯銀底市場價格如何能高出其貨幣價格呢？這個謎很容易解答。因為那時流通的5,600,000鎊銀幣中，有四百萬盎斯已經磨減了盜削了並變造了。據檢查的結果，原重220,000盎斯之75,000鎊銀，實際上僅重141,000盎斯。造幣廠是按照原定的標準繼續鑄造，而現實流通中之重量輕的先令則代表比其額面重量更輕的可除部份。所以市場上便不得不為一盎斯銀條而支付更多的輕量先令。因紊亂發生之故而決定一般的改鑄以後，財政大臣郎戴斯（Lowndes）聲稱：銀盎斯底價值既經高漲，此後應改鑄一盎斯銀為六先令三辨士以替代從前的五先令二辨士。他的主張在實施上釀成這個局面，卽是銀盎斯底價值高漲引起了銀盎斯底可除部份底價值低落。然而他的錯誤的學說祇作為代適當的實施目的之一種粉飾。國債旣是用輕質先令來訂約的，難道會用重質先令來償還嗎？當你收入名義上的五盎斯而實際上的四盎斯這時候，他不說歸還銀四盎斯，而說歸還名義上的五盎斯，然而金屬的實體却減為四盎斯，並稱你前此所稱謂的五分之四先令為一先令。因此郎戴斯在實施上固執金屬的重量，而在理論上則堅持計算名目。他的反駁論者，僅僅堅持計算名目，並稱百分之二十五至五十的輕質先令與重量充足的先令一致，故在他一方面固執金屬的實體。

洛克也對郎戴斯實行攻擊，他是一切形態的新資產階級底代言人，卽與勞動階級和貧民對立的工業家，與舊式高利貸者對立的商人，及與國家債務者對立的財閥底代言人，公然在他自己的著作裏證明資產階級的理性是人類常態的理性，並對郎戴斯加以攻擊。洛克以十先令或十四先令合成一 Guinea 所借去的貨幣，以二十先令合成一 Guinea 取還而得到勝利。(註一) 斯圖亞特概括這全交易如下："……政府顯著地獲得租稅利益，與債權者獲得其資本及利息同；而主要的損失者之國民反而滿意，因爲他們的標準（他們自身的價值底標準）不曾低下。斯圖亞特以爲商業越發達，證明國民越活潑。實則他是錯誤的。約在一百二十年之後，前此演過底同樣的事又重演了。

註一、洛克曾在某處說：『從前僅是一個 Crown 底二分之一的，於今則稱爲一 Crown。……銀底同等分量對於其同等分量永久是同一價值。……因爲任何鑄貨底銀分量底二十分之一的減少，若不減低牠的價值，則任何鑄貨底銀重量底二十分之十九的減少也不會減低牠的價值。所以稱爲一 Crown 之一辨士是與包含二十倍多的銀之一 Crown 同，得購買同樣多的香料，綢緞或其他商品。……現在（假定這一切都可以成立）正給予少的銀分量以多的標記和名稱，……然而支付債務及購買商品的不是銀，而是名稱。」(散見前書一三五至一四五頁間)。假如提高貨幣底價值僅是指給予一銀幣底可除部份以任意的稱呼，即稱一盎斯銀的八分之一爲一辨士，那麼貨幣真正可以任意評價高。同時，洛克答覆郎戴斯說，市場價格在貨幣價格以上之高漲，不是由於銀底價值底高漲，而是由於重量較輕的銀幣。77枚盜削了的先令，絲毫不會比重量充足的62枚先令重。末了他完全正確地指出：不管流通鑄貨底重量失耗爲何，英國銀條底市場價格還可以高至其貨幣以上若干，因爲允許銀條底輸出而禁止銀幣底輸出。(前書五四至一一六各頁)。洛克非常小心的不涉論迫切的國債問題，又同樣小心的避免精細的經濟問題底討論。這精細的經濟問題，據銀條對於銀幣之交換比例所指示的，即是通貨與其銀量底現實的減少之相差。我們且在流通媒介那章裏，專就一般的形態來討論這個問題。巴本(Nicholas Barbon)在爲答覆洛克的考察，關於鑄造輕量的新貨幣之研究一書(1696倫敦)上，想致洛克於困難境地，然而無效。

英國哲學底神祕的觀念論之代表柏克立主教(Bishop Berkeley) 應曾給予貨幣尺度底觀念的

單位說以理論的轉變，卽實際的"財政大臣"所不克給予的轉變，這正是事理之常。他問："難道 Crown, Leivre, Pound Sterling 等名稱不是認爲那些關係（卽抽象的價值底關係）底標示物或稱呼嗎？難道金,銀,銅不是關於計算,記錄和轉換之合式物或計算物嗎？難道支配別人的勞動之權力不是眞正的財富嗎？難道貨幣不是爲移轉並記載那種權力之實物，合式物或證物嗎？難道甚麼材料作成合式物是極其重要的嗎？"（註二）我們在這裏找到了一個混同：第一是價值尺度和價格標準底混同，第二是把金銀一面作爲尺度一面又作爲流通媒介底混同。因爲在流通過程中能够以名目貨幣（tokens）替代貴金屬，柏克立遂得出這個結論：卽謂這些名目貨幣不表示甚麼,僅表示抽象的價值概念。

註二、『質問者』五,六,七頁。『關於貨幣之質問』都是巧妙的。就中柏克立完全正確地說：北美殖民地底發展『使着美洲如白日般光明；金銀對於一國的富不如各庸俗階級所想像般的必要。

斯圖亞特充分發展了貨幣尺度底觀念的單位說，所以他的繼承者——無意識的繼承者，因為他們並不知道他——對於這學說，不但不曾增加一點新的文句，甚至不曾增加一點新的例證。他說："我所命名的計算貨幣，無非卽是相等部分底任意的尺度，是發明之以測定得出賣的貨物底相對價值。所以計算貨幣是一種與鑄幣（Money coin）截然不同的東西，鑄幣是價格（註三），而且就令世界上沒有東西能突變爲任何商品底適當的和比例的等價之實體，還可以存在。……計算貨幣對於物底價值所完成的任務，與度，分，秒等對於角度所完成的任務，或與縮尺對於地圖或其他平面圖所完成的任務同。在這些發明物之中，常有同一名稱作爲單位。……這一切發明物底效用全限於比例底指示。所以貨幣單位對於價值底任何部份不能有一定的比例，換句話說，牠不能固定於金，銀，或其他商品底任何特殊分量，單位一經固定，我們遂能將單位相乘來增高至最大價值。……所以商品底價值旣是依關係商品和人的想像之諸情形底總結合而定，那麼商品價值就不得不視爲單是相互關係的變動，因此，凡對於以一般的及一定不變的標準來確定此等比例底變動有害之物，一定也對於商業有害。……貨幣……是各相等部份底一種想像的尺度。假如問到甚麼是某一部份底標準價值，我可提出另一問題來答覆：卽甚麼是一度，一分，一秒底標準長度呢？這是沒有的。……可是剛在一部份依尺度底性質而定之後，其餘各部份必然依這個比例而定。關於此種觀念的貨幣，我們有兩個例證。一個例證是阿姆斯特丹銀行，另一例證是安哥拉海岸。"（見斯圖亞特前書第二卷一五四及二九九頁。）

註三、價格這名詞，在這裏是照十七世紀英國經濟學者所共用的意思，指眞實的等價。

斯圖亞特在這裏僅說到貨幣在流通中所担負之價格標準及計算貨幣底功用。假如不同的商品分別按15先令，20先令，36先令記載在價格表上，那麼在比較該商品的價值底大小時，事實上我旣不注意銀的實體，也不注意先令的名稱，15，20，36等數目間的比例指出了一切,數字"1"遂變成了唯一的尺度單位。僅僅各數目底抽象比例,完全能够作爲比例底純粹抽象的表現。爲要貫澈他的理論,斯圖亞特不僅應該廢掉金銀,更要廢除金銀底法定的名稱。因爲他不懂得價值尺度變爲價格標準之轉化底性質,他自然相信作爲尺度單位之一定的金分量不是作爲關於其他金分量之尺度,而是作爲關於那些價值之尺度。因爲諸商品經過其交換價值到價格底轉化,表現爲同一名稱底各種分量,他便否認以各分量歸爲一個名稱之尺度底那種性質;又因爲在不同的各金分量底比較中,作爲尺度單位之金分量是慣例的,他遂完全沒有看到固定金分量底必要。他可以不稱一圓周底三百六十分之一度,竟稱一百八十分之一度,於是一直角必然不用九十度但用四十五度來測定,其他鈍角和銳角也必然照這樣來測定。然而角度依然如舊,第一是一分量上一定的數碼卽圓,第二是一分量上一定的圓弧。至於斯圖亞特的經濟的例證,一方駁倒了他自己的議論,他一方面却不曾證明一點甚麼。事實上,阿姆斯特丹的銀行貨幣僅是替代西班牙金幣(doubloon)之計算名稱,存放在銀行藏庫裏保持十足的重量,而流通鑄貨則因外界的經久摩擦而越變越薄了。關於非洲的觀念論幣,我們只得聽其自然,且侍批判的考察專家來向我們報告詳細。(註四)法國紙幣(Assignate)得稱為斯圖亞特的想像中之一種約近觀念的貨幣,即國有財產,100佛郎的紙幣。確實,規定這種紙幣(Assignation)所表現的使用價值,即沒收的土地,在這裏已經指明了,然而尺度單位底分量的規定却被遺忘了,而"佛郎"這名詞遂成為毫無意義的空話。法國紙佛郎究竟代表若干多或若干少的土地,是依國家拍賣底結果而定,然而事實上,紙佛郎是通用為銀幣底價值標記,所以紙佛郎的價值低落是由這種銀標準來測定。

註四、在最近的商業危機時期,非洲的觀念的貨幣,自從海岸通用至於今日的巴巴利(Barbary)底中心之後,受了英國某些區域的稱獎,人謂柏柏人(Berkers)之免於商業危機和工業危機,是由於他們的貨幣底觀念的尺度單位。如此，難道不好更簡便地說，商業和工業是商業危機和工業危機底必要條件嗎？

在英國銀行停止兌現的時代，無數貨幣說殆與戰時公報一樣盛行。在某些銀行代言人方面，紙幣底低落和金的市場價格超過其貨幣價格底高漲，再又引起觀念的貨幣單位說。卡斯爾累（Lord Castlereagh）以古典的混亂的學說來解釋他的混亂的見解，而說貨幣尺度底單位卽"關於與商品對立的通貨之價值底意思"。在巴黎和平條約訂立之後數年，一般情形容許兌現底復活，於是在威廉三世時代曾由郞戴斯所提倡的同一問題，殆又不變形式地發生了。巨大的國債，二十年來堆積的私債，以及定期證券等，都根據跌價的銀行券訂立了。這些債務從何用名目上是4672磅又10先令而實際上僅代表100磅22開金之銀行券來清償呢？於是北明翰銀行家安特烏德（Thomas Attwood）起而成爲復活的郞戴斯。債權者名義上是收回所借去的一般多的先令，但若照古時造幣底標準，一盎斯金底約七十八分之一構成一先令，那麼可說现在一盎斯金底九十分之一是称为一先令。安特乌德的信徒名为"小先令主义者"（little shilling-men）底北明翰学派。关于观念的货币单位底论争，自一八一九年直到一八四五年，在庇尔和安特乌德之间相持不下。就货币作为一种尺度之功用而论，安特乌德自己的智力完全总结于下节里。他在这里提及庇尔对于北明翰商业会议所之论争说："你们的质问底内容是……镑这个字用作甚么意义？……一镑的数目可以与甚么相等？……3镑17先令及10½辨士是一盎斯金吗？或者仅是一盎斯金底价值吗？假如3镑17先令10½辨士是一盎斯金，为甚么不用牠们原来的名称来名这些东西，而取消镑，先令，辨士等名目而说盎斯，Pennyweight，及格兰姆呢？……如果我们采用盎斯，Pennyweight格兰姆等名目作为货币制度，那么我们应该追求直接的物品交易制度。……但是如果每盎斯金评价为3镑17先令及10½辨士底价值，如何有时要去制止每一盎斯金涨至5镑4先令竟感受非常多的困难呢？有时我们又眼见每一盎斯金仅命价为3镑

17先令及9辨士呢？……鎊是關於價值之辭句，而不是一種固定的標準價值。……鎊這個名詞是觀念的單位。……勞動是生產費底爺娘，給與金或鐵以相對價值，凡是用來表現某人的一日勞動或一週勞動之特殊的計算名稱，也表現所生產的商品底生產費。"(註h)

註五、貨幣問題，吉米尼書簡集(The Gemini Letters)二六〇至二七二頁，一八四四年倫敦出版。

總而言之，觀念的貨幣尺度底模糊的概念消滅，而其眞實的意義發生。金底計算名鎊，先令等應該是對於一定的勞動時間分量之名稱。因爲勞動時間構成價值底實體和價值底內在的尺度，所以這些名稱勢必現實地表現一定的價值比例。換句話說，勞動時間是保持爲貨幣底眞正的尺度單位。關於這點，我們與北明翰學派分離，但是我們還須記着，觀念的貨幣尺度說，在關於銀行券底兌換性或不兌換性底問題之論爭上，獲有新的重要。假如紙幣是由金或銀取得牠的名稱，那麼不管民法怎樣規定銀行券底兌換性或銀行券對於金銀底不能交換性便成為一種經濟的法則，不管民法是怎樣。所以普魯士的紙 Thaler，雖在法律上規定不能兌換，但若在日常交易上，紙 Thaler 比銀 Thaler 不值價，即是說，假如實際上紙 Thaler 是不能兌換的，牠可以即時跌落。因此英國不兌換的紙幣底澈底的主張者都以觀念的貨幣尺度為護符。假如貨幣底計算名如鎊，先令等等是價值分子底一定分量底名稱，即一商品在與其他商品交換時所吸取或損失之時多時少的諸價值分子底名稱。那麼五鎊的英國紙幣對於金之關係，正與對於鐵或棉花之關係一樣獨立。因為這紙幣的稱號對於一定的金分量或任何其他商品分量再未含有理論的相等，關於紙幣的兌換性之要求，即關於紙幣與某一特殊物底一定分量底實際的相等之要求，實必為紙幣底概念自身所排除。

作為直接的貨幣尺度之勞動時間說，首先由格雷（John Gray）系統地說明了。(註六) 他令國立中央銀行各分行調查種種商品底生產所消費之勞動時間。生產者在他的商品底交換上獲得一種法定的價值證券，卽取得與他的商品所含之一定勞動時間相等的收入（註七），而這些一週勞動，一日勞動，一時勞動等等銀行券，同時作爲對於銀行儲庫裏所儲藏的一切其他商品底等價之支票。（註八）這是詳細嚴密製定的並完全根據現存的英國制度的基本原則。格雷說，在這個制度底下，"爲變得貨幣而出賣正與現在用貨幣來購買一樣容易實行……生產必然變得與需要一致，並且是需要底無盡藏的源泉。"（前書一六頁）貴金屬必然失去侵越其他商品的"特權"，而"與牛油和鷄蛋，棉花和洋布同在市場上佔有牠的相當地位，所以在我們看來，貴金屬的價值可以與金鋼石的價值一般小。"（貨幣講義一八二頁）。"我們還是保持我們的想像的價值尺度卽金而阻礙一國的生產力呢？還是依特價值底自然的尺度卽勞動而發展一國的生產力呢？"（前書一六九頁）。

註六、格雷著社會制度論——關於交換原理之研究一八三一年愛丁堡出版。參照同著者所著『關於貨幣的性質及用途之講義』，一八四八年愛丁堡出版。二月革命之後，格雷呈一建議書於法國當時政府，他在該建議書上向政府建議說，法國不需要『勞動組織』，但需要『交換組織』。關於交換制度，在他的貨幣制度論裏業已詳細規定。然而盡忠的格雷不曾想到在他的『社會制度論』出現以後十六年，關於同一發現底特權會被有天才的蒲魯東所奪去。

註七、格雷著『社會制度論』六三頁：『貨幣僅是一種領收證，即貨幣所有者給予國民的儲財以一定價值之證據，或從已經給予國民的儲財以一定價值之人獲得的於同一價值之權利之證據。』

註八、『從前已按生產物評價的價值，假定儲藏在某一銀行裏，並在全體口頭上的同意認為必要時再又提出，即是存款於設計的國民銀行之人，可以取去該款所包有之相等價值，不必要取回他所存放的同一物。』（前書六八頁）。

勞動時間既然是價值底內在的尺度，為甚麼同時又得有另一外部的尺度存在呢？為甚麼交換價值發展成了價格呢？為甚麼一切商品都是用一已經轉化為交換價值底特殊存在即貨幣之除外的商品來評價呢？這都是格雷不得不要解答的問題。但他未曾解答那些問題，而僅想像這些商品能够作爲社會的勞動底生產物而彼此直接地相關。諸商品都是獨立的私人勞動底直接生產物；這些私人勞動應該由私的交換過程中之勞動讓渡而體現爲社會勞動，換句話說，以商品底生產爲基礎之勞動，僅由個人勞動底一般的讓渡才變爲社會的勞動。然而格雷以假定諸商品所含有之勞動時間是直接的社會勞動的時間爲前提，遂假定這是共通的勞動時間，或直接聯合的諸個人底勞動時間。在這些情形底下，某一特殊商品如金銀，不能作爲一般的勞動時間底化身，與其他商品對立，交換價值也必然不變成價格，而在他一方面，使用價值也必然不變成交換價值，生產物也必然不變成商品，於是乎資本主義生產制度底基礎本身便必然廢止。然而這却不是格雷所有的意見。生產物是作爲商品而生產的，不是作爲商品而交換的。他委託一個國民銀行來實現這種深切的願望。一方面，社會利用銀行使着各個人與私的生產條件獨立，他一方面，却又容許各個人根據私的交換來進行生產。然而事故意使格雷逐一否認資本主義的生產條件，雖然他想僅去'改良'從商品交換所發生的貨幣制度。因此他將資本變爲國有資本（註九），將土地變爲國家財產（註十），而且假如仔細考察他的銀行，就可知道這個銀行不僅一方面收受商品，一方面發行勞動證券，且又同時調節生產。在他的晚著"貨幣講義"一書上，格雷渦想指明他的勞動貨幣純粹是資產階級的改良，然而他反爲陷於益加明顯的矛盾。

註九、『各國事業應該按照國家資本進行』。格雷著『社會制度論』一七一頁。

註十、『土地轉變爲國有財產。』前書二九八頁。

每種商品直接是貨幣。這就是格雷對於商品之不完全的和錯誤的分析所演繹的理論。"勞動貨幣"，"國民銀行"及"商品倉庫"底"有機的"組合，無非是些荒渺的幻想，在這些幻想中，用變弄手段作成的武斷竟向我們表現爲一般的法則。商品即是貨幣之斷說，或商品裏所含有之個人的孤立勞動卽是直接的社會勞動之斷說，單據一個銀行相信這斷說並本此而從事營業底事實 自然不可成爲正確的。而且在這種場合中，實施的結果很易釀成破產。格雷的書裏所有隱匿的及不曾留意的地方，卽是勞動貨幣是達到廢除貨幣底切望之一個強有力的經濟名詞。且因廢除貨幣必隨而廢除交換價値，因廢除交換價値必隨而廢除商品，因廢除商品必隨而廢除資本主義的生產形態。這個巴由格雷前後的少數英國社會主義者明白地說明了(註十一)。然而浦魯東及他的學徒，則以一切熱誠來頌揚貨幣底廢革和商品底尊崇是社會主義底動因，並把社會主義貶降爲商品和貨幣間的必要關係底幼稚的誤解。(註十二)

註十一、參看湯普孫（W. Thompson）著『關於財富分配之研究』及布雷（Bray）著『勞動的過犯無勞動的救濟』

註十二、達爾孟特（Alfrek Darimont）的『銀行改革論』可以視爲這種傳奇的貨幣論底摘要。一八五六年巴黎出版。

二

流通媒介

自商品在價格決定底過程中獲得了某種形態而變爲有流通底可能，及金在同一過程中獲得了貨幣底性質以後，流通遂同時表現並解決商品交換過程中所含有之矛盾。商品底現實的交換，卽社會的物質轉換，含着展開商品底二重性爲使用價值和交換價値之形態變化，同時商品自身的形態變化結晶爲一定的貨幣形態。敍述這個形態變化卽是敍述流通。如上所述，假定有一商品世界及與之俱來的分工制度，商品便不過是交換價值底發展的形態，同樣，流通便含有一正在不斷地面面更新之交換行為底常流。這是第一個前提。至於我們所提的第二個前提，乃是，商品賦有一定的價格而參入交換過程，或是在這過程裏表現兩重性質，卽實在地表現為使用價值，觀念地——在價格上——表現為交換價值。

倫敦底繁盛街市充斥着商店，商店的陳列窗堆滿着全世界的珍貴：印度的披巾，美國的連發手鎗，中國的磁器，巴黎的胸衣，俄國的皮服和熱帶地方的香料。但是這些享樂物都懸有致命的白紙條，以阿剌伯數碼註明鎊，先令，辦士等略字。這就是出現於流通中之商品形態。

a. 商品底變形

仔細考察起來，看出流通過程包有兩個特殊的循環形式。如果我們以字母 C 指示商品，以字母 M 指示貨幣，我們便能表現這兩個形式如次：

$$C\text{——}M\text{——}C$$
$$M\text{——}C\text{——}M$$

在本篇中,我們專論第一個形式,即作為商品流通底直接表現之形式。

C——M——C 過程包含運動 C——M,即商品對於貨幣之交換或出賣;又包含相反的運動 M——C,即貨幣對於商品之交換或購買;又包含這兩個運動底統一 C——M——C,即商品對於貨幣之交換及貨幣對於商品之交換,換言之,即自出賣至購買。但是這過程底終了之結果是 C——C,即商品對於商品之交換,或現實的物質轉換。

我們若從第一個商品底一極來看,C——M——C 同時表現其由商品變為金之轉化及由金變為商品之再轉化,換言之,這是一個運動,在這運動中,商品原先是特殊的使用價值,然後脫去這種性質而獲得與其他自然形態毫不相同之交換價值或一般的等價底性質。於是商品將最後的形態末了變為對特殊需要底滿足之現實的使用價值。商品在這最後形態中從流通範圍落入消費範圍。

所以全流通過程 C——M——C 包括變形底總系列，每一商品為要變為其所有者之直接的使用價值，都發生這種變形。第一變形成功於流通過程底前半 C——M 中，第二變形成功於流通過程底後半 M——C 中，而全過程構成商品底總歷程（Curriculum Vitae）。但是 C——M——C 過程指示一單個商品底總變形，同時又構成其他商品底某一方面的變形底總和。因為第一個商品底各個變形構成由這一商品變為別一商品之轉化以及由別一商品變為這一商品之轉化，所以這變形構成流通底同一階段中所發生之兩重的轉化。因此我們必須個別地考察 C——M——C 流通所變成之兩交換過程底各個過程。

　　C——M 或出賣：　商品 C 參入流通過程不僅作為特殊的使用價值，例如一噸鐵，且又作為有一定價格底使用價值，例如 3 鎊 17 先令 10½ 辨士的金或一盎斯金。這價格既然一方是一噸鐵所含有之勞動時間分量底指數，即一噸鐵的價值量底指數，同時這個價格表示鐵變成金之熱切願望，即給予該鐵所含之勞動時間以一般的社會的勞動時間底形態之熱切願望。除非這種變質說（Trans-substantiation）成立，一噸鐵不僅不成其爲一種商品，甚至不成其爲一種生產物，因爲鐵所以是商品，僅僅由於牠對鐵的所有者是非使用價值。換句話說，他的勞動得作爲現實勞動，僅以此勞動對於別人是有用的爲限，而對於他有用的勞動僅是作爲抽象的一般的勞動。所以要在商品界找出鐵從何吸引金，這是屬於鐵或鐵的所有者底問題。但是這個困難，卽商品底致命的飛躍（Saltos mortale），如單純流通底分析上所假定的，已在現實地實行出賣時克服了。當一噸鐵依牠的讓渡，卽依視鐵爲非使用價值之人手裏移到視鐵爲使用價值之人手裏，而實現爲使用價值時，牠遂同時實現牠的價格，並從純觀念的金變爲現實的金。於今一盎斯現實的金，出現以代替一盎斯金底名稱或3磅17先令又 $10\frac{1}{2}$ 辨士，但一噸鐵則已略去那個場所。不僅在價格上已經觀念地轉化爲金之商品是依出賣 C ——— M 而變成現實的金，而作爲價值尺度之金

——原先僅是觀念的貨幣，並在事實上僅表現為商品自身底一貨幣名——現在則由同一過程而變成現實的貨幣(註一)。從前因為一切商品都是用金來測定牠們的價值，所以金遂成了觀念的一般的等價，於今則因為金是諸商品對於牠之一般的讓渡底產物，而出賣 C——M 是發生一般的讓渡所依恃的過程，所以金又變成得絕對讓渡的商品，卽實在的貨幣。但是金僅經過出賣而變成實在的，因為諸商品底交換價值在其貨幣價格上已經是觀念的貨幣。

註一、『貨幣分觀念的和實在的兩種，並適於兩種不同的用處，卽決定物品底價值並購買物品。為達評價底目的，觀念的貨幣是與實在的貨幣一樣好，甚至比實在的貨幣更好。貨幣底別種用法卽是購以買貨幣評價之物。……價格卽契約是由觀念的貨幣所決定，由實在的貨幣所逐行的。』加里亞尼 (Galiani) 前書一一二頁。

在出賣 C——M 和購買 M——C 中，兩種商品，卽交換價值和使用價值底統一，彼此對立，然商品底交換價值僅存在為觀念的價格。至於金，雖然牠確實是一種使用價值，可是牠的使用價值僅以作為交換價值底担當者為限，所以牠僅是形式上的使用價值，對於現實的個人的需要並無關係。因此使用價值和交換價值對立，分配於C——M底兩極端，所以商品作為尚待依金來實現其交換價值或其價格之一種使用價值，與金對立，而金則作為尚待依商品來實現其形式的使用價值之一種交換價值，與商品對立。僅依商品作為商品和金底這種二重化，即依各極僅在觀念的場合表示其對極是實在的又僅在實在的場合表示其對極是觀念的所由來之二重對立的關係，總之，僅依諸商品作為對立的兩極之表現，交換過程中所含有的一切矛盾乃得解決。

我們已認定C——M過程是出賣，是商品變為貨幣之轉化。但若從他極來看，同一過程也可以具有M——C形態或購買，即貨幣變為商品之轉化。出賣必然同時是牠的對立物購買。我們若從這極來考察這個過程，牠便是出賣 若從他一極來考察這個過程，牠便是購買。實際上這過程所不同者唯此,即在C——M運動中,是從商品底一極或出賣底一極起始,而在M——C運動中,是從貨幣底一極或購買底一極起始。在考察商品底第一變形,即商品轉化爲貨幣而成爲流通底第一階段C——M底完成底結果時,同時我們又假定另一商品已經轉化成了貨幣,而且現時正在流通底第二階段M——C中。於是我們陷於假定底循環。流通自身構成這一循環。如果我們不把M——C階段中的M看作另一商品底變形底結果,我們必然把交換行爲排於流通過程之外。然而C——M形態消滅於流通過程之外,所以僅有兩個不同的C如鐵和金彼此對立。牠們的交換既然是直接的物品交易,不能構成流通過程底某一階段。金在其生產場合是與任何其他商品同爲商品。牠的相對價值與鐵或其他商品底相對價值,在這裏都是用牠們相互交換所依持之分量來表現。但是金底價值既已知於商品價格裏,則這種作用是包容於流通過程中。所以說金和商品在流通過程內部發生直接的物品交易底關係,說牠們的相對價值是依牠們的交換而確定爲諸單純商品,這是最錯誤不過的觀念。兌金在流通過程中作爲一單純商品來交換其他商品之誤解,是由於認價格代表一定的商品分量與一定的金分量相等所用之等式,換句話說,商品與含有貨幣性質而作爲一般的等價之金發生關係,並表現爲能夠直接交換黃金這事實。商品交換作爲商品之金,即作爲勞動時間底特殊的具體化之金,是以金來表現商品價格爲限。而商品交換具有貨幣功能而非商品功能之金,即交換作爲勞動時間底一般的具體化之金,是以商品爲金所實現的價格爲限。然而無論在那一場合,在流通過程中,不是以交換來決定商品所交換之金分量,而是以商品底價格來決定交換,即是以依金評價之交換價值來決定交換。(註二)

　　註二、自然。這個不能制止商品底市場價格高于或低于商品的價值。可是這個考察却與單純流通無涉,屬于我們以後在研究價值和市場價格底關係時所待考察之全異的範圍。

　　在流通過程內部,金在每人手中表現爲出賣

C——M底結果。但是,因為出賣C——M同時是購買M——C,則正當該過程出發之商品C經過牠的第一變形時,與C對立成為相反的M極之別一商品,也正完成牠的第二變形;並當前一商品還在流通底第一階段中,後一商品正經過流通底第二階段。

從流通底第一過程底結果,即出賣底結果,我們遂取得貨幣,即第二過程底起點。商品的金等價出而替代具有第一形態的商品。這個結果現在得形成一休息點,因為具有這第二形態之商品獲有牠自己的耐久的存在。商品,即所有者手裏的非使用價值,現在具有手頭常得使用的形態,因為具有常得交換的形態;而且這個是看商品在何時並在商品界表面底甚麼點再參入流通之情形而定。商品的金蛹形態,在其得延長一長期或短期的生涯中,構成一獨立期間。至於在物品交易底場合,某一特殊的使用價值底交換直接與另一特殊的使用價值底交換相結合,創造交換價值之勞動底一般性,表現在購買行為與出賣行為底分隔和不差離上。

購買M——C是C——M底反運動，同時是商品底第二變形或最後的變形。作為金之商品，即具有一般的等價形態之商品，得直接依一切其他商品底使用價值來表現。而一切其他商品則希求金來作牠們的未來的形態，但是同時在其他商品價格上指出必得演奏的普調，然後其他商品的軀骸，即其使用價值，得替代貨幣，而其他商品靈魂，即其交換價值，得參入金。諸商品底一般的讓渡底產物即是絕對得讓渡的商品，金變成商品之轉化沒有品質的制限，但有分量的制限，即金自身的分量和其價值的大小底制限。"獲得一切是為交換現金。"在C——M運動中，商品是由讓渡作為使用價值而實現商品自身的價格及他人的貨幣底使用價值。而在M——C運動中，商品是由讓渡作為交換價值而體現商品自身的使用價值和其他商品底價格。依商品價格底實現，商品將金化為現實的貨幣，而依商品自身底再轉化，商品將金化為徒然暫時的貨幣形態。因為商品流通包含一種廣泛的分工及各個人方面的需要底多樣性，即與各個人自已的**生產**物底**特殊化**成反比例之多樣性，所以購買M——C對於一商品等價得表現爲等式，或得**分**爲被購買者的需要範圍及他們所有的貨幣總額所限制的一系列的商品等價，正與出賣即是購買同，購買也即是出賣。M——C同時就是C——M，不過在這裏起點是屬於金或購買者而已。

現在再回到C——M——C或總流通。這個總流通顯然包含一商品所經過之諸變形底總系列。但在商品參入商品流通底第一過程並完成商品的第一變形時，另一商品也同時參入流通底第二過程，並完成牠的第二變形而落於流通以外。又當第三商品參入流通、並經過流通底第一過程而完成第一變形時，第一商品也同時參入流通底第二過程，完成牠的第二變形，並落於流通以外。

因此，作為一商品底總變形之總流通C——M——C，常常構成另一商品底總變形底終點和第三商品底總變形底起點，即無始無終的一系列。爲要說明這個，我們且分別名這兩極的C爲C'和C''，以便區分這兩個商品。這系列如次：C'——M

——C″。前半節 C′——M 是以 M 為另一運動 C——M 底結果這事實作前提,所以 C′——M 自身僅是這 C——M——C′ 系列底後半節;而後半節 M——C″ 僅是 C″——M 底結果,或表現為 C″——M——C‴ 底前半節。由此類推。況且 M 雖然僅是一出賣底結果,而後半節 M——C 却可表現為 M——C′+M——C″+M——C‴ 等等;換句話說,這後半節 M——C 可以分成許多購買和許多出賣,或諸商品底新的總變形底許多前半節。因為一單個商品底總變形不僅表現為變形底一無限的連瑣底一節,並且表現為許多這樣的連瑣底一節,商品界中之流通過程表現許多交錯運動底絕望的混雜,不斷地在無數處所終止後又重新開始。然而每一單個的出賣或購買成為一獨立無援的行為,這種行為的補足行為得在時間上和空間上與這種行為分離。所以不必直接繼續這種行為作為牠的連續。每一個別的流通過程 C——M 或 M——C,即一商品變成使用價值他一商品變成貨幣之轉化,即流通底第一過程和第二過程,各自形成一獨立的休息點。但在他一方面，一切商品的第二變形，是在一般的等價即金底共通形式開始，在流通底第二過程底起點告終。因為這個原故，現實流通中的任何C——M都與任何M——C巧合，即一商品底後半世與他一商品底前半世巧合。例如A出賣值價兩鎊的鐵，他乃完成C——M行為，或商品鐵底第一變形，但延長他的購買到某一時期。而在兩星期前出賣兩夸脫小麥以換取六個金鎊之B，又用這同樣的六個金鎊購買摩西斯公司底一套衣褲以完成M——C行為，或商品小麥底第二變形。

　　M——C和C——M這兩種行為在這裏僅表現為一連瑣底諸節，因為以金來表現的商品，看來是和其他商品一樣，我們不能單依金底外形就認為這是鐵的變形或小麥的變形。所以在現實的流通過程中，C——M——C表現為無數偶然符合的並相繼發生的許多不同的總變形底混雜。因此，現實的流通過程不表現為一商品底一總變形，即不表現為通過對立的階段之商品運動，僅表現爲許多偶然符合的和不斷的購買和出賣底會集。於是流通過程失去一切形式規定性，尤其是在這裏爲然；因爲每一單個的流通行爲即出賣同時是牠的對方即購買。購買也同時是牠的對方即出賣。在他一方面，流通過程無非是商品界中底變形運動，所以也必須在商品總運動中反映商品界。至於那流通過程如何發生反映，我們將在下一章裏討論。此處得補述在 C——M——C 中，C 和 C 兩極構成對於 M 不含同一關係之兩商品形態。第一個 C 對於貨幣之關係，與一特殊商品對於一般的商品之關係同，而貨幣對於第二個 C 之關係與一般的商品對於一特殊商品之關係同。所以 C——M——C 能够用抽象的論理化爲最後的公式 S——U——I。這公式底 S 是代表特殊性，形成第一極；U 指一般性，形成連繫底中項；I 示個別性，構成最後極。

商品所有者參入流通範圍，僅成爲商品底保護者。在流通範圍內部，他們在購買者和出賣者底相反的地位上彼此對立，卽一方是人格化的砂糖，一方是人格化的金。砂糖一變爲金,出買者遂變爲購買者。這些一定的社會的功用不是人類個性底產物,而是生產具有商品形態之財貨者間的交換關係底產物。他們與購買者和出賣者間之單純的個人關係相出遠甚,購買者和出賣者參入這個關係,達到否定他們的個人勞動並變爲非個人勞動之貨幣這種程度。所以正如把購買者和出賣者底這些經濟的資產階級的任務目爲人類個性底永久的社會形態一樣是兒戲的,同時在他一方面,對於經濟的資產階級的任務來慨嘆個性底滅絕,也是不合理的。(註三)在社會的生產制度底一定階段中,他們是個性底必然的表現,而且在購買者和出賣者底對立上,資本主義的生產底矛盾性仍然表現爲極表面的單純形式,所以這個對立也屬於資本主義以前的社會形態;因爲牠單要求個人底相互關係應該是商品所有者底相互關係。

註三、從培理耳 (M. Isaac Pereire) 的『產業及租稅論』(一八三二年巴黎)底下面一節,可以看出購買和出賣之敵對底全表面的形態怎樣深重地傷害了少數優美的人們。

具有 "Credit Mobilier" 銀行創立人和總裁資格底同一培理耳，獲得巴黎交易所的狠底稱號這事實，正指示在經濟學底任情的批評之後潛伏着什麽。他是當時的聖西門信徒，說：『因爲各個人在他們的勞動和消費上都是彼此孤立的及分隔的，所以他們按照各有的產業底生產物而發生交換。從交換底必要又發生決定物的相對價值底必要。于是價值和交換這兩個概念便密切地結合，同時在其現實的形態上表現爲個人主義和敵對。……僅僅因爲有購買和出賣，換句話說，僅僅因爲在社會各成員間有一種敵對，生產物價值底決定始行發生。僅僅有出賣和購買存在底場合，換句話說，僅在各個人不得不努力出爲他自己獲得他的生計所必需的目的物底場合，他才不得不勞神于價格和價值底問題。』

現在我們若考察 C——M——C 底結果，這便屬於純全的物質轉換 C——C。商品交換了商品，使用價值交換了使用價值；而變成貨幣之商品或具有貨幣形態之商品底轉換，僅作爲影響這物質轉換之一種手段。因此貨幣僅表現爲商品交換底媒介；可不是一般的交換底媒介，而是流通範圍裏的交換底媒介，即流通媒介。(註四)

註四、『貨幣僅是方法和手段,而有益于生活之物則是目的和對象』。波斯蓋勒柏特著『法蘭西評論』(一六九七年),見戴爾斯(Eugene Daires)著『十八世紀之金融經濟學者』第一卷(一八四三年巴黎)二一〇頁中。

我們已知商品底流通過程歸結於 C——C,表現為依貨幣作媒介之純物品交易,換言之,C——M——C 通常不僅表現兩個孤立的過程,並且表現這兩個過程底動的統一。不過要從這裏來演出購買和出賣形成一不可分的單元這個結論,却是一個思惟形式,關於這思惟形式底批判是屬於論理學的領域而非屬於經濟學的領域。交換過程中購買和出賣底分離,破壞一切地方的,原始的,家長的和世襲的障碍而成為社會的物質轉換。同時這是社會的物質底相關的諸要素底分離和對立底一般的形態,其中含有商業危機底可能性,因為商品和貨幣底敵對是資本主義的勞動制所含有之一切敵對底抽象的和一般的形態。所以貨幣底流通可以不發生危機,但沒有貨幣流通,危機決不能發生。換句話說,凡在基於私的交換制度之勞動未曾達到有貨幣存在底階段中，不能產生那些促成資本主義的生產樣式底充分發展之諸現象。這記了得點，我們便能測定主張以廢除貴金屬所享受的"特權"並採用所謂"合理的貨幣制度"來除去資本主義生產底"缺點"之批判底深淺。曾經稱爲極銳利的下段可以作爲有對立性質底經濟學者的辯論底例證。著名的英國經濟學者斯圖亞特的父親米爾說：『每年生產底總數不能超過每年需要底總數。在完成交換底兩人當中，一人不但帶有供給物，另一人不但帶有需要，各人都帶有需要和供給物。……他所帶來的供給物是他的需要底工具，所以他的需要和供給物自然剛好彼此相等。所以不能說在任何一國裏某一商品或大宗商品曾比需要大，別一商品或別一大宗商品曾比需要少，彼此不是同等的數量』(註五)

　　註五、一八〇七年十一月，斯賓塞(William Spence)曾在英國發表一本名爲『英國獨立的商品』底小冊子。本書所提出的原則，以後更由柯柏特(William Cobbet)在他的『政治錄』裏用一個毒辣的題名『死滅的商業』加以發揮。一八〇八年詹姆斯・米爾曾在他的『商業保護論』上答覆這個原則；該書包含從他的『經濟學原理』所引來的一節（一九〇至一九三頁，譯者）。舍易在與西思蒙第和馬耳薩斯關于商業危機底論爭上，採用了這個妙計，而且因爲實在不容易指出那喜劇的『科學底皇子』是用甚麼新思想充實了經濟學的內容，所以他的大陸的讚賞者便頌揚他是買賣底形而上學的平衡這寶貝之發現者。事實上，他的功績寧是由他一樣誤解他的同時人馬耳薩斯，西思蒙第和里嘉圖所持的公平而構成。

米爾將流通過程轉化爲直接的物品交易，又將他從流通過程所借來之購買者和出賣者人物密輸入直接的物品交易，來回復需要供給底平衡。用他自己的混亂的語句來說，在一切商品是不能出賣的這一定期間，實際上一商品底購買者卽貨幣底購買者多於出賣者，而一切其他貨幣底出賣者卽諸商品底出賣者多於購買者；例如一八五七年至一八五八年中在倫敦和漢堡底商業危機中之一定期間，正是這種情形。購買和出賣底形而上學的平衡結果乃是：每一購買都是出賣，每一出賣都

是購買；這是對於不能出賣商品又不能購買商品之商品保護者之一種可憐的安慰。(註六)

註六、從下面的例證可以看出各經濟學者如何說明商品底種種形態。

『我們有錢在手，只要行一次交換就可以獲得欲望底對象，若用其他剩餘生產物，我們就得行兩次交換，第一次比第二次難得很多。』(奧普第啓(G. Opdyke)『關于經濟學之研究』二七七至二七八頁，一八五一年，紐約)。

『貨幣底優越的出賣性是商品底低劣的出賣性之正確效果或自然終結。』(柯柏特著『關于個人財富底原因及樣式之考察』一一七頁，一八四一年倫敦。)

『貨幣有常能交換牠所測定的東西之性質。』(博山克(Bosanquet)著『金屬，紙幣和信用通貨』一〇〇頁，一八四二年倫敦)。

『貨幣能常時購買其他商品，而其他商品不能常時購買貨幣。』徐克(Th. Tooke)著『關于通貨原理之研究』一〇頁，一八四四年倫敦)。

在發生商品生產者和商品消費者底最後交換以前，出賣和購買底分離能够使許多空的交換與異的交易同時並存。牠能使許多寄生者侵入生產過程並利用這種分離。但牠又指因有作爲資本主義制度下的勞動底一般的形態之貨幣存在，故有這種勞動的矛盾底發展底可能性。

b. 貨幣的流通

初看起來，現實的流通表現爲許多偶然發生的倂行的購買和出賣。在購買與出賣中，商品和貨幣常常立於同一的相互關係上：出賣者立於商品這方面，購買者立於貨幣那方面。所以作爲流通媒介之貨幣常時表現爲購買手段，由此商品變形底對立的階段中之貨幣規定底差異便成爲不能區別的。

在同一行爲中，商品轉入購買者手裏，貨幣轉向出賣者手裏。所以商品和貨幣在兩個相對的方入流動，而這個場所變更——在這變更中，商品移到這極，貨幣移到他一極——同時發生在資產階級社會底全表面底無限多的場所。然而商品在流通過程中所採之第一步,也就是牠的最後的一步。(註七)不管商品是因爲以商品吸引金（C——M）而離開牠的場所,抑因爲以金吸引商品（M——C）而離開牠的場所,經過一次流動,即一次場所變更之後,商品遂從流通過程落入消費過程。流通是商品底不斷的流動,然而是不同的商品底流動,因爲各商品僅作一次流動。每一商品侵入流通底第二階段,不是作爲同一商品,而是作爲另一商品即金。所以變形的商品底運動即是金底運動。在C——M運動中與某一商品變換場所之同一金片或同一金幣,從其對方表現爲M——C底起點,然後在第二次與另一商品變換場所。商品從購買者B的手裏移到出賣者A的手裏時,同時牠就離開那已經變成購買者的A之手,而移到C的手裏。商品轉換爲貨幣又從貨幣轉換爲商品所經過之路徑,即商品總變形底運動,表現爲與不同的兩商品兩度變換場所之同一金幣底外面的運動。不問購買和出賣彼此得發生怎樣散亂的和偶然的並列,在現實的流通中,總是一個出賣者對一個購買者;而交換了出賣的商品之貨幣，在達到購買者手裏以前，一定會與別一商品變換過場所。這貨幣遲早再又離開由出賣者而變成的購買者之手，移入一個新出賣者手裏。所以這經常反復的場所變更，形成商品變形底交錯。同一鑄貨常從流通過程底這一極流入那一極，有的更經常，有的不經常；常常居於與流動的商品底方向相對的方向，由此表現或長或短的流通弧。同一鑄貨底種種運動反在時間上能相繼而起；在他一方面，表現為商品和貨幣間底許多隔別的場所變更那許多散亂的購買和出賣，同時僅在空間上現得是隔別的。

註七、同一商品能夠買回再又賣出許多次。所以牠流通起來，不僅作為一種商品，並且從單純流通底觀點看來，從商品和貨幣底單純的對立底觀點看來，具有一種不曾存在的性質。

單純形態中之商品流通 C——M——C，完全表現於從購買者之手至出賣者之手，再又從由出賣者而變成的購買者之手至新出賣者手裏之貨幣移轉中。這個流通完成商品底變形，且又由此完成貨幣底運動，假如那運動是商品變形底表現。但是因為新使用價值不斷地照新商品底形態生產並經常地重新輸入流通過程，所以 C——M——C 反復被同一商品所有者更新了。商品所有者在身為購買者時所用去之貨幣，一待他們再又成為商品賣主，仍復回到他們的手裏。商品流通底經常的更新，反映在擁有大宗貨幣之資產階級社會底全表面上的不斷的流通中。這貨幣從這一人的手移到別一人的手，同時描出從無數所在出發而回到各自的起點以反復同一運動之許多不同的小循環。

商品方面之形態變更僅表現為貨幣方面之場所變更，而流通運動底繼續性則完全在貨幣方面，因為商品往往朝着與貨幣相對的方向僅進行第一步，而貨幣則常常替商品進行第二步。所以這全運動似乎是從貨幣出發，雖在出賣場合中，商品曳出了貨幣的地位，即商品流動貨幣，與在購買場合中商品依貨幣而流通同。再則貨幣本其作為購買手段之功能常與商品對立，並本着這個功能，單依實現商品的價格而運動；根據這個事實，全流通運動是表現為貨幣和商品之場所變更；貨幣或依同時併行的各特殊流通行為，或依同一鑄貨依次實現各商品價格時之繼起的流通行為，來實現物價。例如我們若不管流通過程中不能區別的品質要素，來考察 C——M——C'——M——C"——M——C''' 等系列，我們得目擊同樣單調的交易。M在實現C底價格之後，依次實現C'、C"等底價格；而商品 C'、C"、C''' 等則經常替補貨幣所離開的場所。因此貨幣由實現商品價格而使商品流通。貨幣為欲解除這實現價格底職能，牠自身正在經常地流通，有時變更牠的場所，有時描出一流通弧，有時又完成那起點和終點一致之小周圈。作為流通媒介之貨幣，是屬於貨幣自身的流通。所以流通的商品底形態變更表現為貨幣運動，這運動促進自身不能流動的商品底交換。因此商品底流通流通底運動，具有作為流通媒介之金底運動底形態，即貨幣流通底形態。

因為商品所有者由轉變一物即金為一般的勞

動時間底直接表現即貨幣，來給予他們的個人勞動底生產物以社會勞動底生產物底形態，故影響他們的勞動底物質生產物底交換所依持之他們自身的全面運動，現在都對他們表現為那一物底直接運動，即表現為金底流通。對於商品所有者，社會的運動自身一半表現為朝外的必要物，一半表現為純形態的中間過程，這過程使那以任何使用價值投入流通之各個人，能夠從流通取出一等價底其他使用價值。商品底使用價值要到離開流通範圍，才發生作用，而作為流通媒介之貨幣底使用價值，則正在貨幣的流通裏。流通範圍裏商品底運動是暫時的運動，而該範圍裏貨幣底功能則是無止息的運動。貨幣由於在流通範圍裏完成這種特殊的功能，遂獲得一新的能力。現在我們應得更詳細地研究這個能力。

首先，我們知道貨幣流通形成一無止息的割分運動，因為這反映流通過程分為無限多的購買和出賣，及商品變形底相互補足的諸階段底無關係的分離。在貨幣描出起點與終點相迭之小環循中，我們正發現一復歸運動，即現實的循環運動：因有多少商品便有多少點，而且這些循環底數目是無限大的，故這些循環是完全不能支配，測定及計算的。商品自出發至歸元底時間正是一樣不一定的。再則那一循環曾否現實地出現於某一已知場合，這是不關重要的。沒有比一個人能以這一手用去貨幣不能以那一手取回貨幣更週知的事實。貨幣是從無數多的出發點復歸於同樣多的不同點，可是出發點和歸元點底一致是一件偶然的事，因為在 C——M——C 運動中，購買者再變為出賣者之情形不是必要條件。至於貨幣流通近於從一中心點發散到圓周諸點又從圓周諸點回到中心之運動，則更少。照我所懸想的，所謂貨幣底循環簡直是這樣：即是我們到處看見貨幣底出現和消滅，看出貨幣自這一場所到別一場所之永不停止的變更。在貨幣流通底較高和較複雜的形態中即銀行券流通中，我們可以看出貨幣支出底條件包含牠的還元底條件。但在單純的貨幣流通中，同一購買者再變為出賣者，是偶然的一回事。事實上我們在發生不斷的循環運動底地方，看見這些運動無非是生產過程中更深的力量底許多反映。例如製造家在禮拜五從他的銀行家取去貨幣，禮拜六將貨幣付給工人，工人又直接將大部份的貨幣付給小賣商人，小賣商人再又在禮拜一歸還銀行家。

在齊同發生之極多的購買和出賣中，我們知道貨幣同時實現一定數底價格。在他一方面，同一鑄貨實現種種變形底價格，並因之造成或多或少的運動，是以貨幣的運動表現商品底總變形運動及這些變形底連瑣為限。我們若以某一國的流通目爲一一定時間，如說一日，那麼關於價格實現以及最後關於商品流通所需之金分量，可由兩個條件來決定：第一條件即價格總額，第二條件即由同一金貨所決定之平均的運動數。這個運動數或貨幣流通底速度，再又依諸商品的變形底種種階段所依之平均速度而定，換言之，表現這種平均速度，即諸商品變形相繼連續及已變形的商品再被流通過程中之新商品替換所依之速度。我們已知在價格決定底過程中，一切商品底交換價值是觀念地轉變爲具有同一價值之一定的金分量。同一價值額表現在兩重形態中，卽流通底孤立運動M——C及C——M之任何一運動中，卽首先體化於商品，然後體化於金。然而金所以有流通媒介底資格，不是由於金與靜止狀態中的個個商品之獨立的關係，而是由於金在動的商品界中之活動的容態，卽是由於金從牠的場所變更表現商品的形態變更，又從牠的場所變更底速度表現商品的形態變更底速度之機能。所以流通過程中之金所表現的程度，卽流通過程中之現實的金分量，是依金在全過程履行牠的機能至何程度而定。

貨幣流通包含商品流通；貨幣流通有價格的商品，卽預先在觀念上等於一定的金分量之商品。在商品價格底決定上，作爲測定單位之金分量底價值，或金底價值，是假定爲已知的。按照這假定，流通所需之金分量首先是依尙待實現之商品價格底總和而定。但是這個總和自身底決定是：(1 由於價格底標準，卽以金評價商品底相對高或相對低的交換價值，(2) 由於照固定的價格流通之商品數目，卽由於照已知價格之購買和出賣底數目所決定。(註八) 假如一夸脫小麥值價六十先令，則流通這一夸脫小麥，或實現這一夸脫小麥的價格，需要比僅值價三十先令時兩倍多的金。要流通值價六十先令之小麥五百夸脫，便需要供同一價格之小麥二百五十夸脫底流通兩倍多的金。最後，流通值價一百先令之小麥十夸脫，但需流通值價五十先令之小麥四十夸脫之貨幣一半。所以關於流通所需之金分量可以不管價格底高漲而低減，假如流通的商品總數底減少比價格總數底增高有較大的比例。反之，流通媒介底分量也可以不管流通的商品總額底減少而增高，假如價格底總和有較大比例。例如詳細和精密的英國考察曾指出如次的事實：在英國穀價最貴底初期，因為減少的穀供給底總價格大於從前較多的穀供給底總價格，而當時其他商品底流通是照牠們的舊價格繼續不變，所以流通的貨幣分量增加。但在穀價最貴底末期，流通的貨幣分量逐見減少，因爲這時或則除穀以外而仍用舊價格出賣的貨物少，或則那些貨物底同一分量是照較低的價格出賣。

註八、貨幣底分量『在足夠維持諸商品底現存的價格時』，是無關緊要的。波斯蓋勒柏特前書二一〇頁。

『假如四萬萬商品底流通需要四千萬通貨，而這十分之一的比率是以金來評價通貨及商品之適當的準則，那麼如果因爲自然的原因，這些正在流通的商品底價値增至四億五千萬，我臆說貨幣爲要繼續牠的準則，一定增至四千五百萬。』布拉克(William Black)著『關于政府支出所產生的影響之考察』八〇頁，一八一三年倫敦。

然如上述，流通的貨幣分量，不僅依尙待實現的商品價格底總和而定，且依貨幣流通之速度，卽貨幣完成這個實現商品價格底任務之速度而定。假如同一 Sovereign 一日行十次購買，商品底每一購買都有一 Sovereign 底價格，並且更換十次手，那麼這 Sovereign 便完成與各於一日僅完成一次流通之十金鎊同樣多的工作。(註十) 因此，金底流通速度能夠替代牠的分量，換句話說，流通過程中金底存在，不僅依作爲與金對立的商品底等價之金的存在而定，並且依商品變形底運動中之金的狀態而定。然而貨幣底流通速度得作爲貨幣分量之替代物，僅至一定的限度，因爲在任何已知時間，許多分離的購買和出賣同時發生於諸不同的場所。

註十、『釀成貨幣量底增減的是貨幣底流通速度，不是金屬底分量。』加利亞尼前書九九頁。

如果流通商品底總價格高漲，不過是在小於貨幣底流通速度底增加之比例中，則流通媒介底分量會要減少。在他一方面，假如貨幣底流通速度減低，是在大於流通商品底總價格之比例中，則通貨底分量會要增加。與一般的價格跌落相混之增加的通貨分量，或與一般的價格高漲相關之減少的通貨分量，是價格史中一個最顯明的現象。但是於關發生價格準則之同時增加，及貨幣底流通速率底準則之更大的增加之諸原因底考察，或反對的現象，屬於單純流通底範圍以外。舉例來說，在信用制度盛行時代，貨幣底流通速度增加得比商品價格快，而在信用制度降落時代，商品價格跌落得比流通速度慢。單純的貨幣流通底淺薄的和形式的性質表現在如次的事實裏：即對於通貨分量有決定的影響之一切要素，例如流通商品底分量，價格，價格底漲落同時並存的購買和出賣底數目，貨幣流通底速度；都依商品界裏所發生之變形過程而定。而這變形過程再又依生產方法底一般性，人口底稀密，城市和鄉村間的關係，運輸手段底發達，或大或小的分工，信用等等而定；總之，依橫在單純的貨幣流通範圍以外並且僅反映在單純的貨幣流通範圍裏之一切情形而定。

　　流通底速度既然已知，則通貨底分量僅依商品價格而定。所以價格或高或低，不是因為通貨底分量或多或少；反之，通貨底分量或多或少是因為價格或高或低。這是最重要的一個法則，這法則依持價格史之詳細證明或許是里嘉圖以後之英國經濟學底唯一成績。假如經驗告訴我們，某一國裏貨幣流通底準則，即流通的金銀底分量，是依暫時的漲落而且時常最激劇的漲落而定

(註十一)，但在大體上是長期靜止的，漲落的偏差僅構成近於平均準則之些小游移；這個現象是由決定通貨分量之諸情形底對立性來說明。牠們的同時的變化抵銷牠們的效果，所以一切依然如舊。

註十一、一八五八年的英國給予關于金屬流通低過其平均準則之異常的低落底一例證；從下面的倫敦經濟學報的引用文可以看出這個例證。『在事態底性質上（即單純流通底孤立性質上），關于正在市場上及非銀行階級手裏流通的現金額，不能搜集最正確的材料，但是諸大商業國家的鑄幣廠底活動或不活動，也許是現金額底比差底最相近的指示。需要貨幣多，便鑄造得多，需要貨幣少，便鑄造得少。……英國貨幣廠裏的鑄幣，在一八五五年，為9,245,000鎊，一八五六年為6,476,000鎊，一八五七年為5,293,855鎊。在一八五八年，鑄幣廠很少鑄造。』（經濟學報，一八五八年七月十日）然而同時却有一千八百萬磅儲在銀行藏庫裏。

認流通媒介底分量是依貨幣流通底一已知速度及商品價格底一已知總數而定之法則，也可以解釋如下：假如商品底交換價值和商品變形底平均速度是已知的,則流通的金底分量是依牠自身的價值而定。所以如果金底價值,卽金生產所需之勞動時間應該高漲或低落,商品價格便要依反比例高漲或低落。而適應價格漲落之流通速度旣然不變,則保持同一商品量底流通必需要或多或少的金分量。如果舊價值尺度被值價多或值價少的金屬所廢棄,必然發生同樣的變動。例如在因對於國債之擔心及對於加利福尼亞和奧大利亞金鑛發現底效果之恐怖,而以銀貨幣替代金貨幣時,荷蘭爲流通同一商品分量所需的銀,比從前所需的金多至十四倍或十五倍。

流通的金分量依商品價格底不定的總和及變動的流通速度而定。從這事實來看,可知流通媒介底分量一定是能縮小並開展的;總之,卽按照流通底必要條件,金本牠的流通媒介底功能,時而參與之通過程,時而離開流通過程。至於流通過程本身如何實現這些條件,我們以後可以見到。

c. 鑄貨及價值標記

金在牠的流通媒介底功能上，具有一獨特的形態，牠變成鑄貨。為免除鑄貨流通中之任何技術的困難，所以鑄貨是按照計算貨幣底標準鑄造的。凡其模樣和數字都表示含有與貨幣計算名如鎊，先令，等相合的金底一定重量之金片，都是鑄貨。鑄貨價格底規定與鑄造底技術工作，都是國家事業。作為計算貨幣及鑄貨之貨幣，具有地方的及政治的性質，牠說種種語言，穿種種國服。作為鑄貨之貨幣底流通範圍是別稱為國內流通範圍，國內流通範圍是依各國的限界而與商品界中之一般的流通範圍分離。

然而金條和金鑄貨間之唯一差異，卽是鑄貨名和重量名間之差異。好像是後一場合中之名稱的差異，表現為前一場合中之形狀的差異。金鑄貨待投入熔金爐中，直截了當地再轉化為金，正與反之只須將金塊投入造幣廠來取得鑄貨底形態般。從這一形態到另一形態之轉化及再轉化，表現爲一單純的技術的事情。

個人得在英國造幣廠取得 4672½金Sovereign 以交換二十二開的金 100磅或1200 盎斯。假如把這些金 Sovereigns 放在天秤底一方，把100磅金條放在他一方，這兩種重量會彼此平衡；這個證明金 Sovereign 無非是含有英國鑄貨價格中的這個名稱並具有牠自己的形態和模樣之一定的重量底金片。4672½個金Sovereigns投入流通底種種所在，並且一經入了流通界，牠們每日行一定數的通用，卽是有些金 Sovereign 行通用底次數多，有些行通用底次數少。假如一盎斯金每日底平均通用數是十次，那麼 1200盎斯金得實現12,000盎斯金或46725金 Sovereign爲商品價格底總額。然而任你怎樣將一盎斯金變換並籌算，絕對不會有十盎斯金底重量。但在這裏，流通過程中的一盎斯金實際是重十盎斯。流通過程中一鑄貨所完成的工作，等於該鑄貨所含有的金分量乘該鑄貨底通用數。一鑄貨除去依其作爲有一定重量底一單個金片而獲得現實的存在以外，更因牠的機能而獲得一觀念的存在。然而無論金Sovereign流通一次或十次，在每一特殊的購買或出賣中，牠但發生一金Sovereign底作用。這個好比一位上過十次戰場的軍官，曾担當十位軍官底任務，但在各個戰場上依舊是同一無別的軍官。隨貨幣流通裏分量爲速度所替代而發生之流通手段底觀念化，僅影響流通範圍內部之鑄貨底作用，不曾影響個個鑄貨底性質。

貨幣流通是經過外界之運動，而金Sovereign隨之通用。鑄貨經過種種手，錢囊，衣袋，荷包，通帶，開口袋，小箱和鐵箱底摩擦而磨滅了，這裏失去一金分子，那裏又失去一金分子，因爲在世上通用而遭蝕耗，遂逐漸失去牠的內在的本質。因爲供人使用之故，牠竟磨滅了。我們且就自然的和純全的性質已略受侵蝕的金Sovereign考察一下。多德（Dodd）（註一）說 一個製麵包者，今天從銀行裏領到一枚新的金Sovereign，明天將牠付給麵粉商，却不是付給同一眞實的金Sovereign。這付出的金 Sovereign 比領取時變輕了。一個無名作家(註二)說：鑄貨在一般事物底本來性質上，顯然一定逐一減少，成為通常的和不可免的磨滅底結果。要在某一期間甚至一日，完全排除輕的鑄貨於流通之外，這是物理上一件不可能的事。雅克布(Jacob)計算在一八〇九年歐洲共存三億八千萬鎊，至一八二九年，即二十年間，有一千九百萬鎊完全失去了。(註三)所以商品踏入流通範圍第一步以後逐排出流通範圍之外，而鑄貨則在該範圍中兩步之後，表現比牠現實含有的金屬更多的金屬。在流通速度不變的場合，鑄貨底流通時間越長，或同一時期中之鑄貨底流通速度越大，則牠的鑄貨形態與牠的現實的金銀形態間之差異也越大，殘存者乃一巨大的名稱之影(Magni Mominis Umbra)。鑄貨底本體僅僅變成一個影。如果鑄貨最先是依流通過程而加重，那麼現在便依流通過程而減輕，不過繼續在各個單一的購買和出賣中表現金底原有的分量。作為想像的金 Sovereign 之金 Sovereign 或想像的金之金 Sovereign，繼續完成法定鑄貨底功能。其他實物因與外界接觸而失去牠們的觀念主義，而鑄貨則因漸次將其金的本體或銀的本體轉化為假想的存在，由實施而觀念化了。從流通過程本身或從貨幣的名目的重量與實際的重量底差異而發生之金屬貨幣底第二觀念化，是半由政府半由私企業家所施行的種種貨幣偽造。從中世紀初期直到十八世紀，貨幣鑄造底全歷史無非是這兩重的和敵對的偽造底歷史。卡斯托第（Custodi）的意大利經濟學者底論著集成大部份是論及這點。

註一、多德著『產業底奇異』，1854年倫敦出版。

註二、『一銀行家的通貨問題評論』六九頁。一八四五年愛丁堡出版。

『如果用得輕了的 Ecu（五佛郎銀幣）不得不比全新的 Ecu 約值價少些，那麼流通便會陸續發生阻礙，而不致引起爭論之支付必然不能實行。』（加立耳前書第一卷二四頁）

註三、雅克布著『關於貴金屬底生產和消費之研究』第二卷第二十六章。一八三一年倫敦出版。

然而金由於牠的功能而發生之想像的存在，與其實在的存在開始衝突。在流通過程中，一金鑄貨失去金屬實體多，其他金鑄貨失去金屬實體少，所以於今在事實上，一金鑄貨是比其他金鑄貨值價多。但因金鑄貨在担負鑄貨功能時有同一價值，因有四分之一盎斯重底金 Sovereign 不比僅視作有假想的四分之一盎斯重底金 Sovereign 值價多，所以重量充足的金 Sovereign 遂在無法橫行的所有者手裏被施以外科的手術，這些手術人工地把流通過程所自然地發生的貨幣變爲牠們的輕質的同胞。牠們的重量減削，而過剩的金脂肪（fat）則放在溶金爐裏。$4672\frac{1}{2}$ 金 Sovereign。假如在天秤底一端量得平均重量僅爲800盎斯，而非1200盎斯，則在投入金市場時，牠們僅可購買金800盎斯。每一鑄貨，就令是重量充足的鑄貨，在鑄貨形態中都比在金條形態中值價少。重量充足的金Soverein必然再轉化爲金條形態，在這一形態中，多量的金常比少量的金值價大。這金屬重量底減輕必然影響極多數的 Sovirign，使金市場價格常久高漲在其鑄貨價　以上，同時鑄貨底計算名雖然依舊一樣，而必然開始指示少量的金。這就是說,貨幣的標準必然變更;而且在將來,金必然是依照這個新的標準來鑄造。因觀念化爲流通媒介之故,金必然反映並且改變當牠通用爲價格標準時所依之法定的比例。同一變革必然在一定期間之後反復,所以金必然在作爲價格標準及流通媒介時遭遇不斷的變動,卽是具有前一形態之變動到具有後一形態之變動,及具有後一形態之變動到具有前一形態之變動。這個解釋了上述的現象,卽是在所有的近代國民底歷史上,同一貨幣名是表示一經常減少的金屬分量。作爲鑄貨之金與作爲價格標準之金底矛盾,也變成作爲鑄貨之金與作爲一般等價之金底矛盾。金本着一般的等價這機能,不僅流通於國境內部,並且流通於世界市場。作爲價値尺度之金,往往有充足的重量,因爲牠僅充當觀念的金。金在孤立的交易C——M中之等價機能上,立卽從動態復歸於靜態;但在牠的鑄貨機能上,牠的自然的實體與這個機能發生不斷的抵觸。金Sovereign 變爲想像的金之轉化,是不能完全避免的,但在 Sovereign 的金屬實體底短欠達到某種程度時，立法遂規定排出金 Sovereign 於流通之外，以圖防止牠作爲鑄貨之無限的通用。例如照英國法律，一金 Sovereign 的重量若不夠 0,747 格蘭姆，不得爲法定貨幣。在一八四四年及一八四八年這一短期間，曾量過四千八百萬金 Sovereign 底重量之英格金銀行，在科吞（Cotton）的金天秤上找出一個機械，這機械不但能辯識兩金 Sovereign 間百分之一格蘭姆底差異，並且如理性物一般，隨將重量輕的鑄貨拋在一塊板上，落在另一機械底下，再由這機械用東方的殘酷將這輕質 Sovereign 切斷。

這個既屬實情，那麽金鑄貨的流通若不限於不致磨滅得如此其速之一定範圍，牠便完全不能流通。僅重五分之一盎斯之金鑄貨，若作爲四分之一盎斯金通用，事實上這一金鑄貨僅是一盎斯金底二十分之一底標記或象徵，由此，一切金鑄貨都依流通過程自身而轉化爲牠們的或多或少的實體底單純的標記或象徵。然而沒有何物能成爲自身的象徵，畫成的葡萄不是眞的葡萄底象徵，而是想像的葡萄。所以重量輕的金鎊不能作爲重量充足的金鎊底象徵，正與瘦馬不能作肥馬底象徵同。因爲金成爲牠自身的象徵，但同時不能担當牠自身的象徵，故在金磨滅最速底流通範圍裏，即在經常發生最小規模之購買和出賣底範圍裏，金與金的存在分離而獲有一象徵的銀或銅的存在，在這些範圍裏，就令不是同一無別的鑄貨，金貨幣底總供給底某一部份仍舊得經常通用爲鑄貨。屬於這一部份，金是被銀或銅的名目貨幣所替代。因此雖然僅有一特殊商品能在某一國裏完成價值尺度底功用即貨幣底功用，而其他種種商品却同時能與並立作爲鑄貨。這些補助的流通媒介，如銀幣或銅幣，代表流通範圍裏之金幣底一定成份。所以銀幣或銅幣的重量不是依銀及銅底特殊價值對於金底特殊價值之比例關係而定，而是依法律任意固定的。銀幣或銅幣僅可照這樣多的分量發行，即是牠們所代表的金鑄貨底小段片應經常流通以達交換名目較高的金鑄貨或實現同等小的商品價格底目的。在小賣交易中，銀銅名目貨幣屬於特殊的流通範圍。就事態底本質言,銀銅補助貨幣底流通速度與牠們在各單個的購買或出賣中所實現的價格成反比例,即與牠們所代表的金鑄貨部份底大小成反比例。我們若要考察英國這種國家裏的日常小賣交易底範圍是如何廣闊,我們得從補助貨幣底總量底比較不足的部份,來瞭解補助貨幣底流通必然是如何的快捷和確實。例如據最近發表的英國國會報告書,得知在一八五七年,英國造幣廠鑄造金貨4,859,000鎊及733,000鎊名目價值之銀幣,事實上這些銀幣僅含363,000鎊金屬價值。至一八五七年十二月十一日止,這十年間所鎊造的金底總額為55,239,000鎊,銀底總額僅2,434,000鎊。一八五七年中銅幣底供給共計僅6,720鎊名目價值,含銅價值3,429鎊,其中有3,136鎊屬於辨士,2,464鎊屬於半辨士,及1,120鎊屬於法丁。這十年間所鑄造的銅幣底總價值是141,477鎊名目價值,含金屬價值73,503鎊。正與法定因重量減少而失去貨幣資格之金鑄貨,不得永久保持牠的鑄貨功用同,銀銅名目貨幣也由於牠們通用為法定貨幣之最大限度底規定，不得從牠們的流通範圍移入金鑄貨底流通範圍，並且不得獲有貨幣底性質。例如在英國，法定的銅幣僅值六辨士，銀幣僅值四十先令。假如銀銅名目貨幣發行的分量在牠們的流通範圍所要求之必要以上，結果商品價格不會高漲，而小賣商人手中的這些名目貨幣底蓄積，却會達到這種程度，即是最後他們不得不將名目貨幣作爲金屬出賣。因此一七九八年中私人發行的英國銅幣，蓄積在小商人手裏總計爲20350磅，最後當他們不得不把這些銅幣作爲金屬而投入銅市場時。他們曾想再以之投入流通；然而無效。(註三)

註三、布卡南(David Buchanan)著『關於斯密司博士的國富論中所論及的諸問題之考察』三頁。一八四一年愛丁堡出版。

在國內流通底一定範圍中，代表金幣之銀銅名目貨幣包含法定底一定的銀銅分量，但在牠們參入流通之後，由於牠們的流通底迅捷和確實，牠們也像金幣般磨減了，而且甚至更快地變成了純全的假象。為要再引長喪失貨幣資格之界綫——超過這界綫，銀銅名目貨幣必然失去其鑄貨性質——，銀銅名目貨幣在牠自身流通底一定範圍裏，不得不再又被某些其他象徵的貨幣如鐵和鉛來替代，而這由別一象徵的貨幣對於這一種象徵的貨幣之替代，必形成一永無止息的過程。在有發展完全的流通底國家裏，貨幣流通底自身必要，必然使銀銅名目貨幣底貨幣性質與金鑄貨的重量減少無關。所以銀銅名目貨幣作爲金鑄貨底象徵，不是因爲牠們是銀或銅作成的象徵，不是因爲牠們有一定的價值，寧是因爲牠們沒有價值；這乃當然之事。

有相對價值底貨幣，例如紙幣，結果能够完成金貨幣底象徵底功用。銀銅等金屬名目貨幣構成補助貨幣之說，主要地是由於如次的事實：大多數國家裏値價少的金屬，如英國的銀，古羅馬，瑞典，蘇格蘭等國的銅，當由流通過程落入小交換並被價値昂貴的貴金屬所替代以前，就通用爲貨幣了。而且金屬流通裏直接發生的貨幣象徵，本身應該是一金。正如常須流通爲小錢底這一金部份被金屬名目貨幣所替代一般，常被國內流通吸收爲鑄貨並得繼續通用之另一金部份，也被價值少的輔助貨幣所替代。通用鑄貨底分量之最低準則，是依各國的經驗而定。因此金屬鑄貨底名目重量與金屬重量間之最初細微的差異，得發展至絕對的分離點。貨幣底鑄貨名與牠的實體分離，並存在於實體以外變爲無價值的紙片。正與商品底交換價值從其交換過程而結晶爲金貨幣同，金貨幣也首先用金鑄貨形態，然後用補助的金屬鑄貨形態，末了用無價值的名目貨幣，即紙幣，即純全的價值標記底形態，從其流通而昇華爲牠自身的象徵。

金鑄貨已產生牠的補助物，首先是金屬補助物，然後是紙的補助物，僅在於不管金鑄貨的金屬喪失如何，要繼續來完成鑄貨底功用。金鑄貨不是因爲牠的磨滅和減削而流通，反之，是因爲牠繼續流通而磨滅成象徵。流通過程中之金貨幣——變成牠自身的價值底單純標記，純全的價值標記遂得起而代之。

C——M——C 運動旣代表直接由一而他之

兩要素 C——M 及 M——C 底動的統一，換句話說，商品旣通過牠的總變形過程，則牠要價格及貨幣表示牠的交換價值，僅須直接棄去原有形態而再轉化爲商品，或毋寧說，再轉化爲使用價值。這就是說，商品僅發展牠的交換價值底外觀的獨立存在。在他一方面，我們已知金旣完成鑄貨底功用，換言之，金旣不斷地通用，實際上牠僅形成諸商品變形間之連繫，僅構成商品變形的一時的貨幣形態。而且金實現某一商品底價格，僅是爲着去實現別一商品底價格，但牠不能構成交換價值底靜止的存在，或表現牠自身爲一靜狀的商品。交換過程中商品底交換價值所獲有之實在性及金的通用中金所代表之實在性，乃是電火花般的實在性。金雖是現實的金，但發生假象的金底作用，所以在這個功能上，得由金自身的標記來替代。

發生鑄貨效用之價值標記，例如紙幣，是以牠的鑄貨名來表現之金分量底標記，卽金標記。正與一定的金分量不是依自身而表現價值關係同，替代金之標記也不是依自身而表現價值關係。旣然作為具體化的勞動時間之一定的金分量有若干大的價值,則金標記便是代表價值。然而金標記所代表之價值底大小,常依金標記所代表之金分量底價值而定。就商品說,價值標記表現商品價格底實在性;牠所以是商品的價格標記(Signum Pretii)及價值標準,僅因為商品的價值是表現在商品的價格裏,在C——M——C過程中,當此過程代表兩個過程變形底動的統一或直接的相互轉化時——這是價值標記解除其功用之流通範圍中所形成的形態——商品底交換價值在價格上僅獲得一觀念的存在,又在貨幣上僅獲得一想像的象徵的存在。所以交換價值僅獲得一想像的若物的表現。然而除去在體現一定分量底勞動時間之商品本身裏,交換價值沒有任何現實的存在。因此明白價值標記直接代表商品底價值,不是由表現為金底標記,而是由表現為僅存在於商品中且僅表現於價格之價值標記。然而這是一個錯誤的現象。價值標記直接僅是價格標記,即金標記,間接僅是商品價值標記。金與 Peter Shlemihl 不同,不曾出賣牠的影，而是以牠的影購買。價值標記所以通用，僅因為該價值標記在流通範圍內部代表與別一商品底價格對立之某一商品價格，換言之，僅因為該價值標記代表屬於諸商品所有者之金。某一比較無價值的物如皮片紙片等，依持習慣力變成一貨幣材料底標記，但是僅在該物的貨幣象徵性質受商品所有者底同意所保證時，即在該物獲得法定的固定形態及強制通用力時，方得維持該物的存在於貨幣材料底標記中。國家發行並通用為法定貨幣之紙幣是價值標記底完備的形態，而且是直接發生於金屬流通或單純商品流通中之紙幣底唯一形態。信用貨幣屬於社會的生產過程底高範圍，並且是受完全不同的法則所支配。象徵的紙幣除去牠所達到的流通範圍較廣以外，實際上與補助的金屬鑄貨毫無差異。我們已知道價格標準或金鑄貨價格底單純技術的發展以及金條鑄成金幣之定形，已引起國家底干涉；這種情形釀成了國內商品流通與世界商品流通底明顯的分離；這個分離又釀成鑄貨變成價值標記之發展。作為單純的流通媒介之貨幣,僅在國內流通範圍裏,能夠保持一獨立的存在。

我們的說明已經指出作爲價值標記之金底鑄貨形態與金的實體自身分離,直接發生於流通過程,非發生於任何同意或國家的干涉。俄國給予價值標記底自然的發生底明證。當獸皮和皮製物在俄國担負貨幣的作用時,物質底耐久性及其流通媒介功用間之矛盾,結果釀成以附有記號的小皮片替代貨幣這習慣;從此這種小皮片遂成爲得支付獸皮或皮製物之支票。以後這些小皮片附以科拍克名目成爲替代銀盧布的零數之單純標記,直到一七〇〇年彼得大帝下令禁止收囘小皮片以交換國家發行的小銅幣時,凡有少數地方使用。(註四) 博考金屬流通現象之古代學者,早就把鑄貨看作象徵或價值標記。柏拉圖(註五) 和亞歷斯多德(註六) 便是這樣。在信用制度不曾發達的國家,例如中國,很早就有法定紙幣存在。(註七) 最早擁護紙幣的人,曾明白指出金屬鑄貨是在本身流通過程中轉化爲價值標記這一事實。富蘭克林

（註八） 和柏克立(註九) 便是這樣。

註四、斯托茲（Henry Storch）著『經濟學原理』附舍易註譯本，第四卷一七九頁，一八二三年巴黎出版。本書是斯托茲在彼得堡用法文發表的。隨後舍易在巴黎再版，補以引證的註釋。事實上，那些註釋的內容無非是些陳腐之語。斯托茲決不喜好他的著作『科學之王』底這種註譯。（參看他的 "Cnosiderations sur la Nature du Revenue National"。

註五、柏拉圖著共和國第二卷『交換底貨幣象徵』，三〇四頁。一八五〇年倫敦，柏拉圖說明貨幣僅有兩種功能，卽價值尺度和價值標記，但除供國內流通之價值標記以外，更有供希臘與各外國間交易之另一價值標記。（參看他的『法律論』第五編。）

註六、亞歷斯多德著 "Nicom倫理學" 第五卷第八章。『為需要底滿足，貨幣依同意而變成交換媒介。因此之故，貨幣含有法貨名稱；因為貨幣的存在不是起於自然，而是起于法律，所以變更貨幣並使貨幣歸於無效，這是我們的能力範圍以內的事。亞歷斯多德對於貨幣比柏拉圖有更綜括的和深刻的見解。在下面一節裏，他精密地指出各原始共產社會間之物品交易，如何發生將貨幣底性質歸於一特殊商品，卽本身有內在價値的商品之必要。『當一國人民益加倚賴他國人民，輸入他們所需要的一切並輸出剩餘物時，貨幣必然地開始供人使用。……所以人類在他們彼此間的交換上，同意使用本質有用的並容易與生活目的適應的東西，例如鐵，銀及同類物。』昭危特(B. Jowett)譯"The Politics of Aristotle"一六頁，一八八五年倫敦出版。本節是由旣未讀過亞歷斯多德的著作又不懂得亞歷斯多德之米克爾(Michel Chevalier)引來證明亞歷斯多德的見解中所謂貨幣一定包含一個有內在價値之實體的。反之，亞歷斯多德却會詳盡地說，據『法貨』名稱底含義，作爲單純流通媒介之貨幣，似乎是由於同意或法律而獲得牠的存在。而且在事實上，貨幣獲得其作爲鑄貨的效用，是由於牠的機能，不是由於他自身底內在的使用價値。『其他學者認爲鑄貨僅是一個假象，卽一非自然的而僅是慣例的物，假如使用者代用他一商品，這物對於日常生活底目的便沒有價値或效用。』(前書第十一節)。

註七、孟第維爾(Mandeville Sir John)著"Voyager and Travels"一〇五頁，一七〇五年倫敦出版『這位皇帝

(卡泰或中國的)可以隨意揮霍許多的貨幣。因為他並未用去金屬貨幣,也未生產金屬貨幣,而但發行皮片或紙片。此種貨幣使用旣久而開始磨滅時,人民遂以之交還於皇庫,而取得新貨幣以替代舊貨幣。貨幣遂流通於全國各省。……他們沒有製造金銀貨幣』。因此孟第維爾以為『所以皇帝得不法地使用新貨幣。』

註八、富蘭克林著『關於美國紙幣之批評及事實』三四八頁,一七六四年。『在目前,就是英國的銀幣,對於牠的價值部份,卽牠的現實的重量和名目間之差異部份,應屬於法定貨幣。現在流通的大部份先令及半先令,因磨減到百分之五,百分之十,百分之二十,少數的半先令甚至磨減到百分之五十,所以變得太輕。對於實體和名目間之這種差異,沒有任何內在的價值。你也沒有如許多紙幣;你一無所有。法定貨幣者是指其能易再通用為同一價值,這同一價值使三辨士的銀通用為六辨士。』

註九、柏克來著前書五至六頁。『只要名目保存,就是鑄貨的金屬全無之後,難道商品流通不可以依舊繼續嗎?』

有多少帖切成紙幣的紙能通用為貨幣呢?這樣的問題必然是弄不清楚的。無價值的名目貨幣是價值標記，僅以牠們代表流通範圍裏的金為限，而且牠們代表金，又以金本身被流通過程吸收作為貨幣為限；商品底交換價值和商品變形底速度既是一定，故此這個金分量是依自身的價值而定。有五鎊名目的紙幣比有一鎊名目的紙幣少流通五次，所以假如以先令券行一切支付，則應以一鎊券之二十倍的先令券投入流通。假如金鑄貨是被有種種名目的紙幣如五磅券，一磅券及十先令券所代表，那麼這種種價值標記底分量，必然不僅由整個的流通所必需之金分量來決定，並且由各種紙幣底流通範圍所必需之金分量來決定。假如一千四百萬鎊（英國銀行條例底規定，但不是對於全部鑄貨之規定，而是對於信用貨幣之規定）是一國流通所不能再少的準則，則應有各為一鎊底價值標記之一千四百萬紙幣流通。如果金底價值高漲或低落，是因為金的生產所需之勞動時間已經高漲或低落，那麼同一商品分量底交換價值既然一樣，流通鎊券底數目必然增加或減少，與金底價值變動成比例。如果金是被銀替代作為價值尺度，则銀與金之價值比例是1∶15，又如各紙券是與以前代表金一般，現在又代表同一分量的銀，那麼現時在流則將來必有二億一千萬的一鎊券流通以替代從前的一千四百萬。因此，紙券底數目是依該紙券在流通中所代表之金幣分量而定；又因紙券僅在代表金貨幣之限度裏是價值標記，所以紙券的價值僅依紙券的分量而定。因此，流通的金底分量雖是依商品價格而定，反之，流通的紙券底價值則完全依牠們自身的分量而定。

發行有強制通用力的紙幣———我們正專論這種紙幣———之國家底干涉，似乎要推翻經濟法則。從前國家在鑄貨價格上給予一定重量底金片以一定的名稱，並在貨幣鑄造時僅於金上面打一刻印，現在則似乎是依持刻印底魔術將紙轉化爲金。因爲紙券是法定貨幣，所以無人能制止國家強制將任意多的紙幣投入流通，並在紙幣上刻印一鎊，五鎊，二十鎊等任意的鑄貨名。因爲一方面紙幣的流通是爲國境所阻礙，他一方面除在流通以外，紙幣沒有一切價值，即使用價值以及交換價值，所以一經投入流通之紙幣，遂不能排斥。紙幣除去牠們的機能，便成為無價值的紙屑。然而國家的這種權力是一個純全的假像。國家得將任何名目的紙幣底任意的分量投入流通，但對於機械的行為，國家的支配無能為力。價值標記或紙幣一經把握流通，遂受制於流通的內在法則。

假如商品流通所需的金分量為一千四百萬鎊，又如國家有一磅券二億一千萬投入流通，那麼這二億一千萬一磅券必然變為總數一千四百萬磅之金底代表物。此與國家以一磅代表比金價值少十五倍或重量輕十五倍的金屬同。此種變動不管是貨幣本位底變動底直接結果，抑是間接由於紙幣底增加到達新的金標準所需的程度，除去改變本來得任意規定的價格標準底名稱以外，再不改變其他。因為鎊的名稱現在應代表小十五倍的金分量，一切商品底價格必然增加十五倍，事實上現在二億一千萬一鎊券必定與成前一千四百萬一磅券一樣需要。價值標記底總額現在應增加到甚麼程度，各價值標記所代表之金分量也必然增加到甚麼程度。價格底高漲僅形成流通過程方面之一種反動，這流通過程強將價值標記與規定價値標記所替代之金分量相等。

在英法政府鑄造劣質貨幣底歷史上，我們屢屢看見物價高漲銀鑄貨惡劣不是在同一比例中。這個僅是由於鑄貨增加之比例與鑄貨惡劣之比例並不相合底事實，這就是說，假如商品底交換價值將來是以作爲價值尺度之新鑄貨來評價，並以適應這低的尺度單位之鑄貨來實現，這是因爲已發行金屬成太少的鑄貨底不充足的分量。這個解決了洛克和郎戴斯的論戰上所未曾解決的困難。紙幣或劣質的金銀所構成之價值標記對於依鑄貨價格來計算之金銀底重量所含的比例，不是依該價值標記自身的構成而定，而是依該價值標記存在於流通裏之分量而定。去瞭解這個關係之困難是由於如次的事實：卽是具有價值尺度和流通媒介這兩種功能之貨幣，是受與這兩種功能底差異相應之不僅對立而且顯然矛盾的兩法則所支配。貨幣在擔當價值尺度底功用上，僅作爲計算貨幣，金僅作為觀念的金；一切都依貨幣底自然的實體而定。交換價值在以銀來計算或以銀價格來評價之場合，與以金來計算或以金價格來評價之場合全然不同。反之，在流通媒介底功用上，金不僅是想像的，並且確實是與其他商品一同存在。貨幣的實材是無關重要的，一切都依貨幣的分量而定。關於尺度單位之決定的要素，或則是一鎊金銀，或則是一鎊銅，而在鑄貨方面，不管該鑄貨自身的構成如何，牠可以按照牠的分量而變成各尺度單位底化身。然而謂在純想像的貨幣底場合一切應依貨幣底物質的實體而定，而在現實存在的鑄貨底場合一切應依觀念的數量關係而定，此為普通見解所不容。

所以隨着紙幣分量底增減而發生之物價底漲落——後者僅在紙幣構成唯一的流通媒介之場合——不過是依流通過程而與外界機械地相違之法則底確定而已，即流通的金底分量依商品價格而定，流通價值標記底分量依該價值標記所代表之金鑄貨底分量而定。因此之故，紙幣底任意的數量都可以被流通過程所吸收並同等地消化，因爲價值標記，不管是以甚麼金名目來參與流通過程，在流通範圍內部必然壓縮爲金分量底標記，這標記得現實地替代金而流通。

對價值標記底流通而言，關於現實的貨幣底流通之諸法則，表現爲相反的並顛倒的。金因爲有價值所以流通，而貨幣則因爲流通所以有價值。對於商品底一已知交換價值而言，流通的金底分量依金自身的價值而定，而紙幣的價值則依流通的紙幣底分量而定。流通的金底分量隨着商品價格底漲落而增減，而商品價格似乎是隨着流通的紙幣分量底增減而漲落。因爲商品底流通僅能吸收金鑄貨底一定分量，而且結果流通貨幣底交互的伸縮表現爲必然的法則，所以紙幣似乎是依任意的數量而投入流通。國家旣已發行一種比名目內容僅低百分之一格蘭姆之鑄貨而來僞造金鑄貨及銀鑄貨並淆混其流通媒介的功用，遂由發行僅除含鑄貨名以外再無任何金屬之絕對無價值的紙幣而完成一完全正當的勾當。金鑄貨明白地代表商品價值，僅以該價值本身是依金來評價或表現爲金價格爲限，而價值標記則似乎直接代表商品價值。所以偏面地考察貨幣流通底現象之學者，限制他們的考察在有強制通用力的紙幣底流通裏，顯然不克把握那些支配貨幣流通之內在的法則。事實上，這些法則在價值標記底流通裏不僅現得是顛倒的，而且是絕滅的，因爲按適當分量而發行的紙幣已完成非作爲價值標記之紙幣所特有的一定運動，而紙幣所特有的運動不直接發生於商品底變形中，但發生於紙幣與金之適正比例底矛盾中。

三

貨　幣

貨幣與鑄貨卽 C——M——C 流通過程底結果不同，形成 C——M——C 流通過程底起點，卽貨幣對於商品底交換到商品對於貨幣底交換之過程底起點。在 C——M——C 形態中，商品形成這運動底起點和終點，在 M——C——M 形態中，貨幣形成這運動底起點和終點。在前一形態中，貨幣是商品交換底媒介，在後一形態中，商品幫助貨幣變成貨幣。在前一形態中僅表現為流通媒介之貨幣，在後一形態中則表現爲目的；而在前一形態中表現爲目的之商品，在後一形態中僅表現爲手段。因爲貨幣自身是 C——M——C 流通底結果，流通底結果同時又在 M——C——M 形態中表現爲牠的起點。但在 C——M——C 方面，物質底轉換構成該過程底眞實的內容，從這第一過程發生出來的商品形態，構成 M——C——M 第二過程底內容。

在 C——M——C 形態中，兩極是有同一價值底兩商品，然而是品質不同的兩種使用價值。這兩種商品的相互交換 C——C 構成現實的物質轉換。在 M——C——M 形態中，兩極是金而且同時是有相等價值底金。以金交換商品再以商品交換金，或就我們考察最後的結果 M——M，即以金交換金，似乎是不合理的。但是我們若將 M——C——M 公式譯成爲出賣而購買之說明，即經過一中間運動之金與金底交換，我們立即認識資本主義生產底佔優勢的形態。然而在實施上，人民不是爲出賣而購買，而是爲貴賣而賤買。貨幣交換商品是爲着以同一商品來交換較多的貨幣,所以M,M兩極若無分量的差異,即有品質的差異。這一品質的差異假定兩非等價物底交換。然而商品與貨幣僅是同一商品底對立的形態,即是同一大小的價值底不同的形態。所以M──C──M循環,在貨幣及商品底形態底下,隱藏着高度發展的生產關係,而且僅是有更發展的性質之運動底單純流通範圍內部之一種反映。所以與流通媒介不同的貨幣,必然從商品流通底直接形態C──M──C發展出來。

作爲價值尺度及流通媒介之特殊商品之變成貨幣,未曾依賴社會方面底任何幫助。在英國,銀不是價值尺度,也不是佔勢的流通媒介,所以不曾變成貨幣,正與在荷蘭,金的價值尺度的地位被剝奪之後,再不成爲貨幣。因此,商品變成貨幣,全持該商品價值尺度和流通媒介底混合的功能,換句話說,價值尺度和流通媒介底統一就是貨幣。然而作爲這個統一之金,還有獨特的存在,與牠在這兩種功用中的存在獨立。作爲價值尺度之金,僅是觀念的貨幣或觀念的金，而作爲單純的流通媒介之金，寧是象徵的貨幣或象徵的金。但在金的單純的金屬實體中，金是貨幣，或貨幣是現實的金。

現在我們考察具有靜止狀態且在與其他商品底關係上發生貨幣作用之商品金一下。一切商品都以其價格表現一定金幣底金，換句話說，商品僅是想像的金或想像的貨幣，卽金底代表物；正與在他一方面，具有價值標記底形態之貨幣表現爲商品價格底單純代表物同。(註一) 因爲一切商品僅是想像的貨幣，所以貨幣是唯一現實的商品。一切商品僅表現獨立存在的交換價值，卽一般的社會勞動或抽象的財富。金與之相反，是抽象財富底物質的形態。各商品依持其使用價值，卽對於某一特殊需要之關係，僅表現物質的財富底一方面，卽財富底唯一孤立的方面。然而貨幣得滿足各種需要，因爲牠能直接轉變爲任何需要底目的物。貨幣自身的使用價值，實現於形成貨幣等價之使用價值底無限系列裏。金在自然的金屬狀態中，藏蓄着顯現在商品界中之一切財富。因此，商品是依其價格代

表一般的等價或抽象的財富卽金，而金則依其使用價值代表一切商品底使用價值。所以商品就是物質的財富底具形的代表物。商品是"一切物底要領"(Precis de toutes les choses)（波斯蓋勒柏特），卽社會財富底要領。同時就在其形態上，商品是一般的勞動底直接的化身，在其實體上，商品是一切具體勞動底總體。牠是個別化的一般的財富（註二）。作爲流通媒介之金遭受種種損耗，被人盜削，甚至降落到純象徵的紙片底情境。而作爲貨幣之金，却回復了金色的輝煌（註三）。金由奴隸變爲主人，由下人升到商品之神底地位（註四）。

註一、『不僅貴金屬是諸物底標記，反之，物也是金銀底標記。』吉羅威夕(A. Genovesi) 著『市民經濟論』二八一頁，一七六五年出版。見卡斯托第編纂書近代之部一之八。

註二、配第說『金和銀是一般的財富』。"Political Arithmetic"二四二頁。

註三、米色耳登 (C. Misselden) 著『自由貿易或貿易振興策』一六二二年倫敦出版。『商業底自然的材料是商人資本貿易底目的物底意味名爲商品 (Commodity) 之『貨物』(merchandise)。商業底人爲的材料是具有戰爭及國家命脉底稱號之貨幣。……在性質及時間上，貨幣雖居於『貨物』之後，然在供人使用時，便占着首要的地位。』(七頁)他用『分手來玩弄他的孫兒，右手擱在幼的身上，左手擱在長的身上之老雅各』底態度，來比較他自己對於商品及貨幣底研究。(同頁)波斯蓋勒柏特著『關於富底性質之研究』『吾人將此等金屬（金和銀）目爲一種偶像，所以吾人在商業上，意忘記了要求以金銀爲交換及相互受授底担保之目的和意圖；於此人遂拋棄金銀底這種任務，而將牠們偶像化了。卽在黑暗的古代，吾人亦未嘗犧牲過此種錯誤的偶像，從以前到現在，一向犧牲這一切貴重的物品及人。』(前書三九五頁)。

a. 貨幣底儲藏

當商品中斷牠的變形過程而具有金蛹形態時，金遂從流通過程分離而成爲貨幣。此種現象常發生於出賣不直接伴有購買之場合。所以金作爲貨幣之獨立化，是流通過程或商品變形分成兩個彼此獨立的單獨行爲之分裂底有形的表現。商品流通一經中斷，鑄貨本身就變成貨幣。在以自己的商品換取鑄貨之出賣者手裏，鑄貨是貨幣而不是鑄貨，然而一過出賣者之手，牠又是鑄貨。各人都是自己生產的某一商品底出賣者，然而是專爲他的社會的生存所必要之其他一切商品底購買者。他的出賣是依他的商品底生產所需之勞動時間而定，而他的購買是依生活欲望底繼續的更新而定。爲要不出賣而能購買，他必然不購買而出賣。事實上，C——M——C流通過程是出賣和購買底動的統一，僅以該過程同時構成出賣和購買底分離底經常過程爲限。鑄貨底不斷的流動依其鑄貨準備金底形態中之不斷的蓄積而定，這些鑄貨準備金發生於金流通範圍，並形成供給底源泉。這些準備金底形成，**分配**，消滅及再形成，正在不斷地變更，牠們的存在不斷地消滅，牠們的消滅又不斷地存在。亞丹斯密士解釋鑄貨變爲貨幣貨幣又變爲鑄貨之永無止息的轉化說：各商品所有者，除去他出賣的特殊商品以外，必須常常儲有作爲購買手段之一定額底一般的商品。在 C——M——C 過程中，我們看見第二節 M——C 分裂成一系列的購買，這些購買不是同時發生的，而是陸續相繼發生的，所以 M 底一部份通用爲貨幣，而他一部份則停止爲貨幣。在此場合，貨幣僅是停止的鑄貨，而通用的鑄貨量底各構成部份，則不斷地變動，有時表現這一形態，有時表現一別形態。流通媒介變成貨幣之第一轉化，因此僅表現爲貨幣流通底技術的容態（註一）。

註一、波斯蓋勒柏特一見永久動底最初的休止，卽貨幣的流通媒介功能底中止，立卽懷疑商品外之貨幣的獨立的存在。他說，貨幣一定是『在經常的運動中，貨幣所以能夠成爲貨幣，僅僅因爲是能動的，若遇不動時，決不成爲貨幣。』『法蘭西詳記』二三一頁）他忽略了那最初的休止構成貨幣運動底條件。事實上，他希望商品底價值形態應該僅表現爲商品的物質轉換底過渡形態，決決不能變成牠的自身目的。

財富底原始形態是剩餘或過剩底形態，是生產物底不直接需要作爲使用價值之部份，或是其使用價値落於單純必要底範圍以外之生產物底占有。在考察商品變成貨幣之轉化時，我們看見生產物底此種剩餘或過剩，構成低發展的生產階段中之商品交換底本來的範圍。剩餘生產物變成能够交換的生產物或商品。這個剩餘生產物底適當形態是金和銀，卽以之保持財富爲抽象的社會財富之最初形態。不但商品能保存在金錢底形態或貨幣底實體中，而且金銀也是保存的形態中之財富。各使用價値是依消費即破壞而完成該項功能，而作爲貨幣之金底使用價値，乃在於是交換價値底担當者，在於體現一般的勞動時間爲不成形的原料。作爲不成形的金屬之交換價値具有不滅的形態。由此獲來鑄爲貨幣之金銀形成儲藏貨幣。在有完全的金屬流通之諸民族中，自個人以至國家——國家守護自己的國有儲屬貨幣——一律實行儲藏。在更古的時代底亞洲和埃及，這些在國王及神父底保護底下的儲藏貨幣，無寧是他們的權威底證明。在希臘和羅馬，以國有儲藏貨幣蓄積爲剩餘生產物底最安全的和最合使用的形態，乃屬於國家政策。此項儲藏貨幣由征服者之手從一國至別國之急劇移轉，及其一部份流入一般的流通之突然流動，構成古代經濟底特徵。

作爲勞動時間底具體化之金，有牠自身的價值，而且因爲金是一般的勞動時間底具體化，所以金在流通過程中得保證牠的交換價值底經常作用。因爲商品所有者得保持其商品於交換價值底形態中，即保持交換價值爲商品之簡單事實，故以保持商品於金底轉化形態中爲目的之商品交換，遂成爲流通自身的動機。商品變形 C——M 是爲該變形本身而發生的，即是從此將商品由特殊的自然的財富轉化爲一般的社會的財富。商品變形的唯一目的是形態底變動。而不是物質的變動。商品保存爲財富，即保存爲商品，僅以這商品存在於流通範圍內部爲限，而商品得保存爲流動狀態，僅以這商品凝結金銀底形態爲限。商品保持流動狀態而成爲流通過程底結晶。同時金銀本身變成貨幣，僅以金銀不担負流通媒介的功用爲限。作爲非流通媒介之金銀繞變成貨幣。所以將具有金底形態之商品引去流通，乃是經常保持商品於流通範圍內部之唯一方法。

　　商品所有者能夠從流通取得貨幣，不過這是他付予該項貨幣之商品之報價。所以從商品流通底立場來看，不斷的出賣卽商品底不斷地投入流通，是貨幣儲藏底第一條件。在他一方面，作爲流通媒介之貨幣，因爲常時實現爲使用價值，並分解在瞬息的享樂中，所以時常消滅在流通過程自身裏。因此必須將貨幣引去一切用盡的流通之流以外，換言之，必須將商品保持在商品第一變形之內，方不致使貨幣不克完成其作爲購買手段的功用。現在變成貨幣儲藏者之商品所有者，一定出賣儘其多而購買儘其少，正如老伽圖（Cato）所云："家長賣而不買" "Patrem familias vendacem, non emacem esse"。勤勞構成貨幣儲藏底積極的條件，而節約則形成消極的條件。具有特殊商品或使用價值底形態之商品等價引出流通越少，則具有貨幣或交換價值底形態之商品等價引出流通越

　（註五）。故一般的形態中之財富底獲得必要放棄

物質的實體的財富。所以關於貨幣儲藏之衝動卽是貪慾，貪慾底對象不是作爲使用價値之商品，而是作爲商品之交換價値。爲欲獲得一般的形態中之剩餘生產物，必須將諸特殊慾望看作許多奢侈和縱慾。所以一五九三年科德司國會（artls）呈一建議書於腓立第二，其中有一段說："瓦拉多利國會（The Cortes of Valladoleb）曾於一五八六年呈請皇帝不許洋燭，玻璃器，寶石類，小刀及諸類似物再行輸入帝國；這些無益於人身的物品恰如西班牙人無益於印度人，均來自外國以交換金幣。貨幣儲藏者犧牲世俗的一時的享樂來追求永久的財富，這種財富爲蠧鏽所不能食，完全是天上的同時又是現世的。"我國貨幣缺乏底一般的遠因，由於帝國消費外國商品過多，此類外國商品對於我們不啻是非商品；並向我們奪去所應輸入以替代此類玩物之同樣多的金銀，奈何我國民衆，消費大宗西班牙，法國，來因及利凡德的葡萄酒，西班牙的乾葡萄，利凡德的 Corints（乾葡萄之種），漢勞特的薄麻布及白麻布，意大利的絲綢，西印度的糖

及菸草,東印度的香料。凡這一切俱非我們所需,然而都是以現金購來的。"(前書一至一三頁)

註五、『商品供給越增加,儲藏貨幣便越減少。』(米色耳登前書二三頁)

在金銀形態中之財富是不滅的,因爲交換價值保持在不滅的金屬形態裏,而且特別因爲作成流通媒介之金銀不得變爲商品底全然消滅的貨幣形態。所以可滅的實體是爲永久不滅的形態而犧牲。"假如用征稅方法,將貨幣從以之購取飲食及其他可滅商品之人取來,而轉移於以之購製衣服之人,我說即在這種場合,社會也有少許利益,因爲衣服不若飲食是立即消滅的。然而若以同一貨幣購置家具,利益少許多些,若用於房屋底建築,利益更多,若用於修路,掘鑛、漁業等等,利益尤多;然利益最多的是輸入金銀於國內,因爲金銀不僅是不可滅的,而且隨時隨地是被尊重爲財富。因此,凡是可以消滅的,或其價值依靠時風的,或則稀鬆無常的商品,都是這時這地(Pro hic et nunc)的財富。(註六) 引入流通過程並免除社會的物質轉換之貨幣，完成其極端形態為貨幣儲藏。所以社會的財富是作為地藏的和不滅的財寶，與商品所有者發生完全祕密的私的關係。曾在奧郞則布 (Aurenzeb) 朝短期居官於德利 (Delhi) 之伯立耳博士 (Dr. Bernier)，指出幾乎操縱一切商業及一切貨幣之商人，特別是回教的異教徒，怎樣把他們的貨幣祕密地深埋在地中，"因為他們相信生時所埋藏的金銀可以在他們死後的來世供他們使用"(註七)。然而因為貨幣儲藏者底禁慾主義與積極的勤勞相混，他寧是宗教之中新教派，甚至更是清教徒。"誰也不能否認購買和出賣是必要的，個人不能獨自不要買賣，個人與一個基督徒同，得購買特別有補於需要和榮譽之物，因為家長也買賣過牲畜，羊毛，穀物，牛油，牛乳及其他貨物。這些貨物是神賜生在地面上並分配於人間的賜物。然而我們若但有一王侯政府，則從加爾過大，印度及其他地域所輸入之許多商品——包括徒供奢侈而毫無實用之昂貴的絲綢，金器，及香料，涸竭國家及人民的貨幣——絕對不能容許。然而現在我不想提及此事，因爲在我們再沒有貨幣底時候，我相信外國貿易不得不自行中止。奢侈和饕餐也必然隨之中止，因爲到了我們迫於窮困貧乏時，書本和敎訓是無能爲力的。"（註八）

註六、酉第著『政治數學』一九六二年。（1899年版二六九頁——譯者）

註七、伯立耳著 "Voyage Contenant la descaiption des etates du grand mogul"（巴黎版一八三〇年第一卷三一二至三一四頁）。

註八、馬丁路德博士，『商業及高利貸論』一五二四年。路德在同一場所說：『神禁止我們德國人將我們的金銀投出外國，使全世界富足而我們自己一若乞丐。假如德國放棄英國的布，那麼歸於英國手裏底金便少，又如我們廢止葡萄牙香料底輸入，那麼歸於葡萄牙國王手裏之金必然也少，假如沒有必要和原因，而計算有多少德國市場在佛郎克堡，那麼諸君必然驚疑，爲甚麼德國還有錙銖殘留。佛郎克堡是德國所鑄造的金銀流出外國所經過之洞，若是這個洞被塞住了，那麼現在便聽不到到處只是負債而無貨幣以及鄕村和城市都被高利貸所吸盡底嘆聲了。然而我們德國人終歸是德國人，我們除在必要場合以外，是不能將物品給予的。』

在上面引用的著作裏，米色耳登想保留最少的金銀在教國底範圍內：『貨幣缺乏底其他遠因是在教國之外與土耳其、波斯及東印度所行的貿易，這些貿易大部份是賴現金持續，與教國內本國貿易有不同的性質，因爲教國內的貿易雖然用現金來行使，然而這些現金依然保留在教國底邊境。教國內部所經營的貿易中，的確也有貨幣底順流和逆流，卽高漲和低落，因爲有時候教國底某一區域貨幣多，別一區域貨幣少，與這一國缺乏而他一國豐富同。貨幣沿着教國境內發生，流通及旋捲，然仍舊保持在疆界內部。但因國外通商而流入上述各地之貨幣，則不斷地外溢，且不能再行收回。』（一九至二〇頁）

在社會的物質交換過程底混亂時期，貨幣儲藏甚至發生在達到高發展段階底資產階級社會裏，堅固形態中之社會紐帶正免去社會的運動（在商品所有者看來，這種紐帶就是商品，商品底適當形態就是貨幣）。社會的神經系統埋藏在牠的身體之傍。

儲藏貨幣現在必然變成純全無用的金屬，牠

的貨幣精神必然與牠分離，而且牠若不經常想去復歸於流通，牠必然成為流通底餘燼，即價值的殘滓（Caput Mortnum）。貨幣或結晶的交換價值，就其品質而言是抽象的財富底形態，但在他一方面，任何一已知的貨幣額是分量有限的價值量。交換價值底分量的限界是與牠的品質的一般性相矛盾，而且貨幣儲藏者設想這限界事實上是同時變為品質的制限之制限，即使貨幣儲藏成為純物質的財富底制限代表物之制限。如上所述，具有一般的等價底性質之貨幣，表現為一方程式底一端，他一端包括商品底無限系列。貨幣實現為此無限系列至甚麼程度，即貨幣適應其交換價值底概念至甚麼程度，依交換價值底大小而定。作為交換價值之交換價值底自動的運動，只能運動越過牠的分量的限界。但由越過儲藏貨幣底分量的限界，又發生一應再除去之新限界。沒有表現為貨幣儲藏底制限之一定的限界，各限度都只發生那種作用。所以貨幣儲藏並無內在的限界，也無內在的尺度；牠是一個無止息的過程，這過程在每一連續的結果裏找出一新端緖底動力。儲藏貨幣固然僅因被保存而得增加，也僅因被增加而得保存。

貨幣不僅是致富慾底對象，而且是致富慾底唯一對象。後者顯然是對於黃金之渴望（Auri sacra fames）。致富慾與關於特殊的自然財富或使用價値如衣服，裝飾品，家畜等底慾望相反，僅在一般的財富已個別化爲一特殊物並能固定於單一商品底形態中這時候，方是可能的。所以貨幣不獨是致富慾底源泉，同時也是致富慾底對象（註九）。根本事實乃是：那種交換價値及其隨之俱來的增加成爲終局目的。貪慾是由不許貨幣變爲流通媒介而固持儲藏貨幣，而對於金之渴望，則由維持金與流通之永久的近似而保持儲藏貨幣底貨幣精神。

  註九、『首先從貨幣發生貪慾；……後者漸漸成爲一種顚狂，這種顚狂再不是貪慾，而是對於黃金之渴望。（自然史第一卷第十四章）。

總之，形成儲藏貨幣之過程，由於一方面還元為依繼續反復的出賣而發生之貨幣引出流通，他方面還元爲單純的儲藏即蓄積。事實上，僅在單純流通底範圍裏，特別在貨幣儲藏底形態裏，方始發生那種財富底蓄積，但就以後所述之別一個所謂的蓄積形態而言，以單純的貨幣蓄積底場合之同一名稱來名那些形態，這絕對是一個誤稱。

一切其他商品都是儲藏爲使用價值的，在這場合，蓄積底方法是依該商品的使用價值底特殊性而定。例如：穀物底蓄積需要特殊的設備，羊底蓄積使吾人成爲羊主，奴隸及土地底蓄積創造主人及奴隸關係等等。特種財富底蓄積需要與簡單儲藏底行爲不同的特殊程序，並發展各個人的特色。換句話說，具有商品形態的財富是蓄積爲交換價值，所以在此場合，蓄積表現爲一種商業的行爲或特殊經濟的行爲。從事這些行爲的人，變成穀物商人，牲畜商人等。金銀不是依蓄積貨幣之個人底活動而始爲貨幣，乃是毫不借助他的助力而前進之流通過程底結晶。個人除收存金銀，在他的儲藏貨幣上附以金屬底新重量之外，並無事可作。這是毫無意謂的活動，此種活動假如適用於其他一切商品，必然失去牠們的一切價值（註十）。

註十、賀拉西不懂得儲藏哲學，他說：

『假如某人購買提琴，買到就將牠藏起，而音樂底研究却從未加意；

又一人收藏如許多靴模與靴針，却不精通皮匠的技藝；

更一人藏置着船帆，但連船的頭尾也不知悉；

你道他們都是瘋子，我正要請教你，

別人怎樣和他們不同？

得了甚麼也是一樣地藏匿，

且以為借一枚法丁，便是欺神滅理。』

（科文頓譯，倫敦，1870年，六〇頁）

西立阿（Senior）君懂得這個問題多了：『銀似乎是普遍的慾望所及之唯一對象。所以如此者，乃因銀是抽象的富，吾人得以之滿足固有的種稱欲望。阿立瓦本伯爵（Comte Jeau Arrivabene）譯『經濟原理』巴黎一八三六年二二一頁。（上節見於經濟原理英譯本二七頁，倫敦一八六三年。——譯者）斯托克理解這個問題如次：『因為貨幣代表一切其他形態底財富，所以蓄積貨幣對於為個人自己而儲備世

上現存的種種財富是必要的』(前書第二卷一三四頁)

我們的貨幣儲藏者表現爲交換價值底殉教者，卽表彰金屬柱之神聖的禁慾者。他欲求財富僅在乎牠的社會的形態，故他埋藏財富與社會隔絕。故他希望取得在有常時參入流通底可能之形態中的商品，故他將商品引去流通。財富底流動形態及其石化(Pretsification)，生命底仙丹和智慧底石，彼此瘋狂般地縈擾於冶金術的方法中。在他的想像的無限的享樂慾上，他斷送他自己的一切享樂。因爲他想滿足一切社會的慾望，故他僅僅滿足他的基本的自然的慾望。他雖固持他的財富在金屬固形體中，然而財富已離開他而成爲幻想。但在事實上，爲達貨幣目的之貨幣蓄積是爲達生產目的生產底原始形態，卽爲達超過通常的慾望以上之社會勞動底生產力底發展。商品底生產發展越低，交換價值變爲貨幣之最初的結晶化，卽貨幣儲藏，便越重要，所以在各古代民族，在直到於今的亞洲，以及在交換價值尚未操縱一切生產關係之近代諸農業國家，貨幣儲藏都佔着重要地位。在考察金屬流通範圍內部之貨幣儲藏底特殊的經濟功用以前,我們且先述貨幣儲藏底其他形態一下。

與其美觀的特質完全無關,銀商品及金商品都得轉化為貨幣,因為構成金銀商品底材料就是貨幣材料 (Moneg Material);在他一方面,金貨幣與金條也能轉化為商品。因為金銀構成抽象財富底材料,故財富底最大表現包含金屬作為具體的使用價值之效用,所以假如商品所有者在生產底一定階段中埋藏他的儲藏貨幣,只要於他安全,他便是很熱切的對其他商品所有者表現像豪奢的西班牙貴族 (Rico hombre)。他將自己和他的家庭都鍍了金(註十一)。在亞洲尤其在印度,與在資本主義制度底下的地方不同,貨幣儲藏不表現為生產制度底隨伴的機能,寧表現為現得是貨幣儲藏自身底最終目的;金商品及銀商品實際上都不過是儲藏貨幣底美觀的形態。在中世紀的英國,法律規定金商品和銀商品是儲藏貨幣底單純形態,因為金銀商品的價值僅依為金銀商品底生產所費去之粗素勞動而少許增加。金銀商品是以再投入流通爲目的，所以法律規定牠們的品質是與鑄貨的品質一樣。隨着財富底增加而來的作爲奢侈品之金銀底增多的使用，這是極端簡單的一囘事，就是古代人也完全明白(註十二)；但是近代經濟學者却定立這個錯誤的命題，認爲金銀商品底使用價值不是按照財富增加底比例而增加，而是按照貴金屬價值底低落比例而增加。他們關於加利佛尼亞及澳大利亞的金底使用之其他正確的說明，都是得不出結論的，因爲依據他們的學說，在金價值底任何相應的低落裏，金用作原料之加多的消費找不出說明。自一八一〇年至一八三〇年，由於美洲殖民地之反西班牙戰爭及革命所引起的採礦業底中斷，每年貴金屬底平均生產減少一半以上。歐洲流通鑄貨底減少，以一八二九年與一八〇九年比較，總計約少六分之一。雖然所生產的分量從此減少，生產費(假如這已完全變動)却從此增加，然在上述戰爭期間中之英國及巴黎和平條約以後之歐洲大陸，作爲奢侈品之貴金屬已增加到異常的程度。消費隨着一般的財富底增加而增加

(註十三)。這個得定立一個普遍的法則如次：卽金銀貨幣之轉化爲奢侈物係盛行於和平時代，而奢侈物之再轉化爲金條或鑄貨是發生於大風雨時代(註十四)。至於具有奢侈物形態之金銀儲藏貨幣對於作爲貨幣之貴金屬底分量比例有若干大，得從下面的事實觀察出來，據雅各布說，在一八二九年，英國的比例爲二比一，而在全歐及美洲，具有奢侈物形態之貴金屬，則超過具有貨幣形態之貴金屬四分之一。

註十一、在商品所有者已經變爲文明人並發展爲資本家這時候，他的靈魂乃有若干不變，這已由如次的事例證明了。一位世界銀行底倫敦代表將懸在鏡框裏底一張十萬鎊的銀行券用作適當的家族紋章。這裏注目的事實是在對於流通的銀行券底可笑的輕侮。

註十二、參看以後從撒洛渾(Xenophon)引來的詞句。

註十三、雅各布前書第二卷第二十五及章二十六章。

註十四、『在大騷動和不安時代 特別在內亂和外敵侵入期間，金銀商品迅速轉化爲貨幣；而在昇平和興盛時代，貨幣却轉換爲器皿和首飾。』(前書第二卷三五七頁。)

195

我們已知貨幣底流通僅是商品變形底現象形態，或社會的物質轉換所生之形態變更底現象形態。隨着商品底總價格之變動或同時的商品變形底分量之變動，各場合中之形態變更底速度既然已知，則流通貨幣底總量必常時或伸或縮。而此事僅在一國的貨幣總額對於流通貨幣底分量不斷地含有對比之條件下方纔可能。這個條件與貨幣儲藏底過程相會合。隨着價格的低落或流通速度底增加，儲藏貨幣的貯池吸取那離開了流通之貨幣部份，隨着價格的增加或流通速度的低落，儲藏貨幣的貯池打開並以其一部份還於流通過程。流通貨幣進到儲藏貨幣之硬化與儲藏貨幣進到流通過程之流出，是一個不斷地振動的運動，在這運動中這一傾向或那一傾向佔優勢，完全依商品流通底漲落而定。所以儲藏貨幣是供給貨幣流通及排出貨幣於通流之兩條水溝，所以無論何時只有流通底直接需要所必需之貨幣分量得流通爲鑄貨。假如全流通底範圍突然擴大，出賣和購買底動的統一具有這樣的容積：即尚待實現的價格底總額若比貨幣流通底速度增加快，則儲藏貨幣便大大減少。但在總運動異常緩慢或購買和出賣底運動固定時，流通媒介大都硬化爲貨幣，而儲藏貨幣底貯池便溢出於平均的準則以上。在單行金屬流通之國家，或生產尚在低發展階段之國家，儲藏貨幣不斷地分裂並散佈全國，而在資本主義制度已發展之國家，儲藏貨幣則集中在銀行貯池內。儲藏貨幣不與準備鑄貨 (Coim reservoirs) 混同，準備鑄貨是流通中之貨幣總量底部份，而儲藏貨幣和流通手段間之相互關係含有貨幣總量底減少或增加。如上所述，金銀商品形態都是排出貴金屬之水溝，同樣又是供給貴金屬之源泉。通常只有前一功用對於金屬流通底經濟是重要的(註十五)。

註十五、在下節裏，撒洛渾說明具有貨幣及儲藏貨幣底特殊形式之貨幣：『在我所熟悉的一切活動中，這是對產業底長足發展毫不感着何等嫉妒之唯一活動。……發現的鑛額越大，採掘的銀數越多，準備從事此種活動的人也越多。……一個已經得到了充足的家用器具的人，除掉想去購買所獲無幾不曾使他叫喊『夠了』之銀以外，不會步想去再爲他的家庭購買器具。反之，如果竟有某人獲得了極多的銀，他却十分高興在地上掘一個洞，將銀儲藏作爲銀底現寶的使用。……國家在興盛時，人民所最希望的莫過於銀。男子想得貨幣來買美觀的甲冑，良馬，房屋以及種種消費的裝飾品。女人便忙想購買高價的衣服和金首飾。或在國家因穀物與其他果實底歉收或戰爭而釀成之衰危時期，關於通貨底要求甚至是更不必要的(其時土地是不生產的)。』(達欽斯(H G Dokyns)譯撒洛渾『收入論』，倫敦一八九二年第二卷三三五至三三六頁)。亞歷斯多德在他的『政治學』第一卷第九章裏用「經濟學」及「財政學」兩名稱說明流通底兩個對立的運動 C──M──C及 m──C──m，這兩個形態由希臘悲劇作家幼立比得斯 (Euripides) 解說爲正義 (Sikn) 和利益 (Keodos)。

b. 支付手段

曾經區別貨幣與流通媒介之兩形態即是停止的鑄貨及儲藏貨幣底形態。鑄貨變爲貨幣之暫時的轉化，在第一形態底場合中，是指 C──M──

C的第二節即購買M——C，必須在一定的流通範圍裏分裂成一系列的繼起的購買。至於貨幣儲藏，在未直接進入M——C時，牠僅建立在C——M運動底孤立化之上，換言之，牠僅是商品底第一變形底一獨立的發展。貨幣儲藏表現貨幣爲一切商品底讓渡底結果，與作爲具有常時得讓渡的形態底商品化身之流通媒介對立。準備鑄貨及儲藏貨幣是僅作爲非流通媒介之貨幣，而此非流通媒介之得名，僅因爲牠們不能流通。作爲非購買手段之貨幣，流通或參入流通，但不曾完成流通媒介底功用。作爲流通媒介之貨幣常常是購買手段，於今牠不發生非購買手段底作用。

剛在貨幣由儲藏過程而發展爲抽象的社會財富底存在及物質的財富底現實代表物這時候，貨幣遂本着那個規定性在流通過程內部獲得特殊的作用。假如貨幣僅通用爲流通媒介以及購買手段，那就曉得商品和貨幣同時彼此對立，即同一價值表現爲兩重的形態，即一端是出賣者手裏的商品，一端是購買者手裏的貨幣。這個兩對極等價底同時的存在及其同時的場所變更或交互的讓渡，再又預定出賣者和購買者發生關係，成為現存的兩等價底所有者。但是產生種種貨幣形態之商品變形過程，同時也改變商品所有者，即改變商品所有者相互表現的社會的性質。在商品底變形過程中，凡遇商品變更場所或貨幣確定新形態時，商品底保護者即改變他的外形。因此商品所有者起先僅彼此對立為各商品所有者，但是後來他們變一方為購買者，變他一方為出賣者，以後又各交互變為購買者及出賣者，然後是貨幣儲藏者，最後都是富翁。這種不是來自流通過程之商品所有者即非是參與流通過程者。事實上，貨幣在流通過程中所確定之種種形態，僅是商品自身底形態變更底結晶，而商品自身底形態變更又僅是商品所有者彼此實行物質轉換所發生之變動的社會關係底具體的表現。流通過程裏發生新的交易關係，這些變動的關係底代表者，即商品所有者，獲得新的經濟的資格。正與金在國內流通範圍內觀念化，及具有金底代表物底資格之紙幣完成貨幣底功用同，同一流通過程也以現實的出賣者和購買者底效力給予參入此過程之購買者或出賣者，即僅作爲將來貨幣及將來商品底代表之購買者和出賣者。

金發展爲貨幣所具之一切形態，僅是商品變形本身內部所含之諸可能性底開展。在貨幣表現爲鑄貨，及 C——M——C 運動形成一動的統一之單純的貨幣流通過程中，這些形態不曾變爲顯然有差別的，至多牠們得表現爲單純的可能性，例如商品變形中斷底場合。我們已知在 C——M 過程中，商品與貨幣的關係就是現實的使用價值及理想的交換價值對於現實的交換價值及理想的使用價值底關係。出賣者由去讓他的商品爲使用價值而實現商品自身的交換價值及貨幣的使用價值。反之，購買者由去讓他的貨幣爲交換價值而實現貨幣自身的使用價值及商品的價格。商品與貨幣相應地變更場所。出賣者現實地出讓他的商品，但僅理想地實現商品的價格，他已照商品價格將他的商品出賣了，然而這價格僅在將來確定時方得實現。購買者是以將來貨幣底代表者的資格而購買，而出賣者是以現在商品所有者的資格而出賣。在出賣者方面，作為使用價值之商品現實地去讓了，却沒有現實地實現的價格。在購買者方面，貨幣現實地實現爲商品底使用價值，却沒有現實地去讓爲交換價值。於今購買者自己象徵地代表貨幣，與以前價值標記象徵地代表貨幣不同。正與在前一場合中之，價值標記底象徵性質發生國家的保證，使價值標記成爲法定貨幣同，於今購買者底人格的象徵主義，也在商品所有者間發生法律上有強制力的私人契約。

在 C——M——C 過程中，得發生如次的矛盾：在貨幣底使用價值實現以前，換言之，即在商品現實地去讓以前，貨幣得去讓爲現實的購買手段，並且由此得實現商品底價值。此種現象經常發生於豫約底場合。英國政府向印度農人購買鴉片或居留俄國之外商購買大批農產物，都屬於這種場合。然而在這些場合，貨幣永久作爲人所通知的購買手段，所以不會獲得任何新的形態（註一）。因此，我們不必再去討論這個。但關於 M——C 及

C──M兩過程現在所具有之變化的形態，我們得指明如次：購買及出賣間之差異，在直接的流通過程中僅表現為想像的，於今竟變成現實的之差異，因為在前一形態，僅有貨幣存在，在後一形態，僅有商品存在；無論在那一形態，僅有發生過程底開始之一極存在。而且這兩個形態有一共通點：即無論在裏一形態，兩等價之一僅表現於購買者與出賣者底共同意思中，即束縛雙方並確立一定的合法形態之意思中。

註一、自然，資本也是用貨幣形態前貸的，並且這樣前貸了的貨幣可以前貸資本，但是這種見解不陷於單純流通底眼界裏。

出賣者和購買者變成債權者和債務者。商品所有者以前看來是滑稽的作為儲藏貨幣底保護者，於今他變為傷感的，因為他但把他的隣人與一定貨幣額同一看待，再不把他自己與一定貨幣額同一看待，並且但使他的隣人成為交換價值底殉教者，而不使他自己成為交換價值底殉教者。他從信仰者變為債權者，他以法律替代宗教。

"請照證書辦理"。"I stay hare on my bond"
所以在表現商品而但代表貨幣之變化的 C——M形態中,貨幣首先發生價值尺度底功用。商品底交換價值是依作爲交換價值尺度之貨幣來評價,但作爲交換價值並由契約規定之價格,不僅存在於出賣者的心中,並也在購買者方面成爲強制的尺度。此外,作爲價值尺度之貨幣,又在這裏發生購買手段底功用,雖然具有這種功用的貨幣,僅僅投射的牠將來的存在底影子。貨幣將商品從出賣者手裏曳入購買者手裏。契約履行期限到來,貨幣即參入流通,因爲貨幣從過去的購買者之手移入過去的出賣者之手而改變了牠的場所。但牠不是參與流通作爲流通媒介或購買手段。貨幣在現實存在以前已完成了那些功用,而在完成了那些功用以後,纔參入流通。今則貨幣參入流通是作爲唯一適當的商品等價,作爲交換價值底存在底絕對的形態,作爲交換過程最後的結語,總之作爲貨幣,而且是有一般的支付手段底特殊作用之貨幣。具有支付手段底功用之貨幣,表現爲絕對的商品，然表現在流通範圍內部，而不與儲藏貨幣同表現在流通範圍外部。購買手段和支付手段底差異，在商業危機底時期，越發顯得不定。（註二）

註二、路德力說購買手段和支付手段的差異。

本來流通過程中生產物之轉化爲貨幣，似乎僅是商品所有者個人的必要，因爲他自己的生產物對於他沒有使用價値，而不得不將牠去讓來獲得使用價値。但是爲要按契約期限支付，商品所有者必須先就將商品出賣。因此，流通過程底運動，與他個人的欲望完全無關，是實行出賣各商品所有者公認之社會的必要。某一商品底過去的購買者之商品所有者，不得不變爲另一商品底出賣者，以獲得不作爲購買手段但作爲支付手段卽交換價値底絕對的形態之貨幣。作爲終局行爲之商品變成貨幣之轉化，或作爲自身目的表現於商品所有者底貨幣儲藏心中之那商品第一變形，現在變成一經濟的功能。專爲支付打算之出賣底動機和內容，從流通過程底唯一形態而變成牠的自我發生的實體。

在出賣底這種形態中，商品完成了牠的場所變更；當商品延滯牠的第一變形即牠變爲貨幣之轉化時，牠就流通起來。反之,在購買者方面，當第一變形發生之前,即當商品轉化爲貨幣之前,已完成第二變形，卽貨幣已再轉化爲商品。因此在時間上第一變形發生於第二變形之後,而貨幣,卽第一變形中之商品形態,獲得一新的形式規定。貨幣或交換價值底自然發展，再不是商品流通底純媒介形態,而是牠的終局結果。

所謂延時出賣 (time sales)——在此種出賣中，出賣底兩極有時間的分離——在單純的商品流通中有牠們的自然的起源,這個不須詳細證明。第一流通底發展釀成同一商品底所有者彼此對立爲出賣者和購買者之間的相互交換底不斷的反復。這種反復不是偶然的,例如商品是爲將來某一期間去讓並支付而處理的。在這種場合,出賣是想像的,卽是依據法律而成交的,沒有商品和貨幣底現實存在。貨幣底兩種形態，流通媒介及支付手段.在這裏仍然一致,因為一方面商品和貨幣同時變更場所,他方面貨幣不購買商品,但實現以前所購買的商品底價格。第二,大多數使用價值底性質使商品底同時去讓不可能,於是去讓不得不停滯一定期間。例如當屋底使用出賣一個月,則屋底使用價值僅讓予一個月底期間,雖然在月初變更屋底佔有者。因為使用價值底現實的移交及其實在的去讓,在時間上是分離的,所以牠的價格底實現也在牠的場所變更之後。末了,各種商品底生產所需之季候及時間長度底差異,發生當某人想出賣他的商品時而別人却不打算購買底情形。而且因有同一商品底所有者之間底反復的購買和出賣,出賣底兩目的便按照各人的商品底生產條件而分離。於是在各商品所有者中間,發生債權者及債務者的關係,這關係雖成為信用制度底自然的基礎,可是在信用制度存在以前就充分發展了。這是明白的,隨着信用制度底擴大以及一般的資本主義生產制度底發展,貨幣作為支付手段底功用,必然犧牲牠的作為購買手段以至儲藏要素底功用來擴大。例如在英國，作爲鑄貨之貨幣幾乎完全流入生產者和消費者間之零賣與小交易範圍裏，而作爲支付手段之貨幣則支配大商業交易（註三）。

註三、麥克留德（MacLeod）君，不管他關於定義底空口自負如何，完全不懂得最基本的經濟關係，因此他想從貨幣的最上層形態卽支付手段底形態來推演貨幣底起源。就中他說，因爲人民並不時常同時需要相互的勤務，也不是同樣需要勤務，『所以第一人對第二人必然負有勤勞底一定差或分量，卽債務』。這個債務底債權者需要不直接需要他的勤勞之第三者底勤勞，並將第一人所負他的債務移轉於第三者。因此債務底證據———通貨———變更所有者。……某人受有一種以金屬通貨表明的債務時，他不僅能要求最初的債務人底勤勞，並能要求工業社會全體底勤勞。』（麥克留德著："Theory and Practice of Banking" 倫敦一八五五年第一卷第一章。

作爲一般的支付手段之貨幣，最初僅在商品流通範圍裏變成一切契約底一般的商品（註四）。但是隨着貨幣底這種功用底發展，支付底一切其他形態逐漸變爲貨幣的支付。貨幣發展爲唯一的支付手段所達到的程度，指示交換價値支配生產底深廣所達到的程度（註五）。

註四、柏來（Bailey）前書第三頁。『貨幣是契約底一般的商品，或是行尙待將來完成的大多數財產交易所依之商品』。

註五、西立阿說：（見阿立瓦朋斯出版的西立阿講演集，前書——七頁）『因爲一切物底價値在一定期間裏變動，故吾人選擇一種價値變動最少而保持購買物品底一定的平均能力又最久之物爲支付手段。因此，貨幣變成價値底表現物或代表物。』反之，正因爲金銀等已變成貨幣卽獨立存在的交換價値底化身，金銀便變成一般的支付手段。在西立阿君所述關於貨幣價値底持久性之考察發生效力底時期，換言之，卽在貨幣由於環境底力量而確立爲一般的支付手段底時期，正是發現貨幣價値的變動底時期。這卽是英國伊利沙伯時代，那時柏立伯爵（Lord Burleigh）及斯密司男爵（Sir Thomas Smith）眼見黃金價底顯著的跌落，曾通過一國會法令，令牛津劍橋兩大學規定牠們的地租以小麥和麥芽支付三分之一。

流通中作爲支付手段之貨幣底分量，與在單

純的貨幣流通底場合同，首先是依支付額即依去讓了的商品底價格總額而定，非依尚待去讓的商品底價格總額而定。然而這樣決定的分量受制於兩個修正。第一個修正是由於同一貨幣片反復同一功用所經之速度，即由於多數支付交相繼續所經之速度。A支付B，B又支付C,由此類推。同一商品所有者既然是某人底債權者及他人底債務者，則同一鑄貨反復地的作爲支付手段底功用所經之速度，首先依商品所有者間債權者債務者底關係底連續而定，其次依區分種種支付期間底長度而定。支付底這個連鎖，或商品底補助的第一變形底這個連鎖，性質與作爲流通媒介之貨幣底通用所形成的變形底連鎖不同。後者不僅是漸漸地表現，而且是漸漸地形成某一商品首先轉化爲貨幣，然後再轉化爲商品，使另一商品得轉化爲貨幣,其他類此。換言之,出賣者變成購買者,然後別一商品所有者變爲出賣者。這個繼起的連絡,偶然發生於商品交換底自身過程裏。但在由A付予B之貨幣再又由B付予C由C付予D等等並也在彼此迅速接連的期間這時候，這個外部的連絡僅表現爲一現存的社會的連絡。同一貨幣不是因爲牠表現爲支付手段，所以，通用於許多人的手，而是因爲已經握在許多人的手，所以通用爲支付手段。貨幣通用爲支付手段所經之速度，指示個人已經參入流通，比通用爲鑄貨或購買手段所持之速度指示個人已參入流通過程更深。

同時同地發生的一切購買和出賣底價格總額，構成流通速度對於鑄貨量底替代之制限，假如正待同時而行的諸多支付集中在一處——這個現象自然發生於商品流通範圍最大之處——那麼各種支付遂彼此平衡爲消極量和積極量，因爲A不得不支付B，同時又不得不受C支付等等，所以需要作爲支付手段之貨幣分量，不必依必待同時而行的各種支付總額而定，而是依諸支付底集中底大小及諸支付相互中和爲消極量和積極量之後所存留的殘額而定。甚至在信用制度完全不發展的地方例如古羅馬，也發生關於這種相互平衡底特殊調協。然而關於這些調協底考察，以及關於普遍確定在社會底一定範圍內之一般的支付期限底考察，不屬於此處。我們可以加添一句，這些支付期限對於通貨分量底週期的變動所發生之特殊影響僅在最近纔科學地研究了。

既然各支付相互平衡為積極量和消極量，現實的貨幣底干涉便全不存在。在這裏貨幣僅依牠的價值尺度底功用來表示，即第一依商品價格，第二依交互的債務底大小。交換價值除去牠的觀念的形態以外，不獲得任何獨立的存在，甚至不獲得價值標記底存在。換句話說，貨幣在這裏僅擔負觀念的計算貨幣這種功用。因此貨幣作為支付手段底功用含有一個矛盾，即一方面在支付平衡的場合中貨幣僅觀念地作為價值尺度，他一方面在支付已經現實地實行的場合中，貨幣參入流通不作為一時的流通手段，而作為一般的等價底靜止的存在，即絕對的商品，總之即貨幣。所以凡在作為支付底連瑣之物及平衡各支付之人為的制度已發展時，一遇某種激動釀成支付之流底強制的中斷並攪亂相互平衡底機構，貨幣忽然改變牠的作爲價值尺度之想像的模糊形態爲現金，卽支付手段。所以在充分發展的資本主義生產底狀況下——這裏商品所有者久已確立爲資本家，知道他的辯護人亞丹斯密司，並自卑地嘲笑這個迷信：卽只有金銀構成貨幣，或貨幣與其他商品完全不同，而成爲絕對的商品——貨幣不是忽然再表現爲流通媒介，而是再表現爲交換價值底唯一適當的形態，卽正如貨幣儲藏者所目爲的財富底唯一形態。具有財富底這種排他的形態之貨幣，與在貨幣制度底下不同，不出現在一切物質財富底唯一想像的價值減少及價值喪失底場合，而出現在現實的價值減少及價值喪失底場合。此卽構成世界市場的危機底特殊現象之物，名爲貨幣危機，在那時候，人們要求爲財富底唯一形態之最高善（Summum bonum），乃是貨幣卽現金，而與貨幣對立之一切其他商品，正因爲是使用價值，所以如極多的細物和玩具般無用，與我們的馬丁路德所謂裝飾及饕餮底唯一目的物同。從信用制度到現金制度底這個突然的變更，以理論上的恐怖加於實際上的恐

怖；身爲流通底代表者之商人，遂在包含他們自己的經濟關係所不可測的神密之前發抖。（註六）

  註六、好似是阻止資產階級的生產關係底發展並猛力攻擊資產階級自身之波斯蓋勒柏特，僅繫念貨幣底想像的或暫時的諸形態。因此他首先說到流通媒介，然後說到支付手段。他所不曾見到的，乃是貨幣從其觀念的形態到物質的形態之直接變化，因爲現金潛在於想像的價值尺度裏。他說，僅作爲商品底另一形態之貨幣，是表現在卸賣交易中，此種卸賣交易在商品自身被評價之後，得不用貨幣底仲介而發生交換。（法蘭西詳論一〇頁）

  支付再又要求準備金底積立，卽作爲支付手段之貨幣底蓄積。準備金底積立再不與在從前的貨幣儲藏底場合同，表現爲流通範圍以外所行之一種活動，也不與在貨鑄準備底場合同，表現爲鑄貨底純技術的累積。反之，貨幣必須從現在逐漸蓄積，有益於支付期到來之一定的將來。在作爲致富手段之抽象變形中的貨幣儲藏，隨着資本主義生產制度底發展而減少，而由生產過程直接引起之貨幣儲藏則增加。換句話說，商品流通範圍逐漸形成的幣貨儲藏底一部份，是吸取爲支付手段底準備金。資本主義生產制度越發展，準備金就越限於必要的最小限度。洛克在他的"關於利息底低落"一書中，給予關於當時這些準備金底大小以有味的說明。這些說明指示英國正在銀行制度開始發展時，曾吸收了極大部份一般的貨幣爲支付手段之準備金。

在單純貨幣流通底分析中所形成的關於通貨分量之法則，依支付手段底循環，發生了本質的修正。在作爲流通媒介或支付手段之貨幣底通用速度一定的場合，一定期間內之流通貨幣底總額，必依正待實現之商品價格底總額，加同時滿期的支付底總額，減相互平衡的支付底總額而定。關於通貨底分量依商品價格而定之一般的法則，毫不受這個所影響，因爲支付總額本身是依契約上確定的價格而定。然而明白指出的乃是這個：假定通用底速度及支付底經濟不變，在一定期間內例如一日之流通的商品底價格總額，與同一日流通的貨幣底分量決不相等，因爲還有大多數商品——

牠們的價格尚待將來用貨幣實現——正在流通,並有多數貨幣——構成此種貨幣對於離開流通好久了的商品之支付——正在流通。後者的分量是依同一日滿期之支付底價值總額底大小而定,卽令是照全異的期間訂立契約。

我們已知金銀底價值的變動不得影響金銀的價值尺度或計算貨幣底功能。但是這個變動對於作爲儲藏貨幣之貨幣,有決定的重要,因爲隨着金銀底價值底漲落,金銀儲藏貨幣底價值也或漲或落。對於作爲支付手段之貨幣,這個變動底影響更大。支付行於商品出賣以後,換言之,貨幣在兩個不同期間具有兩重不同的功用,卽首先作爲價值尺度,然後作爲適應測定之支付手段。假如在這時期中,貴金屬底價值或貴金屬的生產所需之勞動時間發生動變,同一分量底金銀,在表現爲支付手段時,必然比表現爲價值尺度時,卽當契約訂立時,值價多或值價少。某一特殊商品如金或銀作爲貨幣或獨立的交換價值底功用,在這裏與價值底大小依其生產底變動而定之特殊商品底性質發生衝突。引起歐洲貴金屬底價值低落之大社會革命，盡人皆知是反對性質的社會革命，這個革命是由平民債務訂立契約所依之銅價值底高漲，發生於古羅馬共和國的初期。這裏我們不必再出考察貴金屬底價值變動及其對於資產階級經濟制度之影響，即可明白貴金屬底價值低落是犧牲債權者而有利於債務者，而貴金屬底價值高漲則是犧牲債務者而有利於債權者。

c. 世界貨幣

　　金變成與鑄貨不同之貨幣，首先靠引去流通作為儲藏貨幣，其次靠參入流通作為非流通媒介，最後則衝破國內流通底限界而在商品世界具有一般的等價底功能。由此，金變成世界貨幣。

　　雖然貴金屬底一般的重量尺度是用作牠們的本來的價值尺度，於今在世界市場上却發生相反的過程，貨幣底記算名轉化為適應的重量名。同樣，雖然不成形的生金屬（青銅）從前是流通媒介底原本形態，鑄貨形態僅構成那確定某一定金屬片有某一定重量之公認的標記，可是現在具有世界鑄貨功用之貴金屬,已除棄了牠的標記和樣式，而復歸於無差別的金條形態；所以卽令國家鑄貨例如俄國的 Imperails，墨西哥的 Dollers 與英國的 Sovereigns 通用於國外,牠們的名稱都無關重量,所重要者僅是牠們的內容。最後作爲國際貨幣之貴金屬,再又開始去完成牠們的原本的交換手段底功能,這種功能與商品交換同，最先不是發生在各原始共產社會內部，而是發生在各共產社會相互的接觸處。作爲世界貨幣之貨幣因此重新具有牠的原始形態。貨幣離開國內流通範圍時,牠便脫去從前在特殊的國界內之交換過程底發展中所獲得的特殊形態,卽價格標準,鑄貨，補助貨幣及價值標記底地方的形態 (Local garbs)。

我們已知在國內的本國流通中，僅有一商品作爲價值尺度。然而因爲在某些國家是以金來擔負這個功能,在其他國家是以銀來擔負這個功能，所以世界市場上有兩重價值尺度，貨幣遂在牠的一切其他功用中具有兩個形態。商品價值之從金價格轉換爲銀價格以及從銀價格轉換爲金價格，常依這兩金屬底相對價值而定，這個相對價值不斷地變動，並且因此不斷地表現在決定過程中。各國內流通範圍中之商品所有者，不得不交互使用金銀以供國外流通，並且因此不得不以國內通用爲貨幣之金屬交換國外需要作爲貨幣之金屬。所以各國都利用兩種金屬卽金及銀爲世界貨幣。

在國際商品流通裏，金銀不表現爲流通媒介，但表現爲一般的交換手段。然一般的交換手段僅在購買手段和支付手段底兩個發展的形態底下完成牠的功用，這兩個形態的相互關係，在世界市場上與在國內市場上完全相反。在國內流通範圍裏，具有鑄貨形態之貨幣，不管作爲動的統一 C ── M ── C 中的中介，抑作爲商品底不斷的場所變更中之交換價值底暫時形態底代表，完全擔負購買手段底任務。在世界市場上，正與此相反。當物質交換僅是一方的，而購買與出賣又不一致時，金銀在此表現爲購買手段。例如開什大

（Kiachta）國境裏的貿易在事實上及條約上都是一種物品交易，在這種交易中銀僅擔負價値尺度底任務。一八五七年至一八五八年的戰爭強令中國人徒賣不買。於今銀忽表現爲購買手段。不管條約底條文如何，俄國人竟把法國五佛郞的銀幣變成作爲交換手段之生銀商品。一方面在歐美間，他一方面在歐亞間，銀已時常用作購買手段。在那些地方，銀固定於儲藏貨幣底形態中。再則，凡在兩國間物質交換底常行的平衡忽然破裂時，例如歉收年成迫令某一國購買格外的分量時，貴金屬是用來作爲國際的購買手段。最後，貴金屬是金銀生產國家手中之國際購買手段，在這種國家裏，金銀直接就是生產物和商品，不獨是商品底轉化形態。各國內流通範圍間底商品交換越發展，世界貨幣爲着國際平衡底穩定而擔負支付手段底功用便越重要。

　　國際流通與國內流通同，需要金銀底不斷變動的分量。所以各國內蓄積的儲藏貨幣底一部份是用作世界貨幣底準備金，這個準備金隨着商品交換底變動而時低時高（註七）。除去各國內流通範圍間所發生之特殊運動以外，世界貨幣更有一般的運動，這運動的起點是在金銀之流普及世界市場各方面所出發之生產底淵源。在金銀穿入國內流通範圍以前，金銀參入世界流通作為商品，並依商品等價所含之勞動時間底比例來交換商品等價。金銀具有一定大的價值表現於國內流通範圍裏，所以金銀生產費底一漲一落同樣影響全世界市場上之金銀的相對價值，在他一方面，這相對價值與各國內流通範圍所吸收之金銀底多寡完全無關。商品界中各特殊範圍所獲得之金屬之流，一部份直接參入國內的貨幣流通以補償磨滅的鑄貨。一部份閉塞在支付手段及世界貨幣之種種儲藏貨幣貯池裏，一部份轉化為奢侈品。其餘的完全變成儲藏貨幣。在資本主義生產制度底最高發展階段，儲藏貨幣底形成降為各種流通過程為着牠們的機構底自由活動所需之最小限度。這種儲藏貨幣變成靜止的財富，除非牠表現為由支付底適當的平衡所生之剩餘底暫時形態，表現為中斷的物質交換底結果，即表現為商品第一變形中之商品底固化。

註七、『蓄積的貨幣補充退去流通界之外以圖實際流通並防止商業底一切可能的混亂之貨幣量。』（克斯托第的前書第十五卷一九六頁上柏立著，"關於經濟學之考察"之卡立（G R Darli）註）。

金銀在貨幣底功能上，既然有一般的商品之味意，則在作為世界貨幣時，便獲得適應這一般的商品之形態。一切商品交換金銀到甚麼程度，金銀變為一切商品底化身以及得普遍讓渡的商品也到甚麼程度。具體的勞動所生產之物質交換包括地球底部份益大，金銀作為一般的勞動時間底具體化之機能也實現益多。構成金銀流通範圍之特殊等價底系列增加到甚麼程度，金銀變成一般的等價也到甚麼程度。因為在世界流通範圍裏，商品是依普遍的標準擴大牠的交換價值，所以在交換價值轉化為金銀時，商品獲得世界貨幣底形態。由此，商品所有國既依牠們的多樣的工業和普遍的商業交易改變金為貨幣，於是工業及商業，在這些國家看來，僅表現為從世界市場取得金銀形態中的貨幣之手段。所以作為世界貨幣之金銀不獨是擴大流通範圍之手段，也正是一般的商品流通底生產物，好比想找製金底方法之煉金術者背後發生的化學一般，世界工業和世界商業底淵源，也是發源於追求魔術形態的商品之商品所有者背後。金銀因豫想貨幣概念中之世界市場的存在，幫助來創造世界市場。貴金屬底這種魔術作用決不限於資本主義社會底幼稚期，而且是商品世界底代表者對於他們自己的社會勞動所抱的曲解之必然的結果；這個已由十九世紀中葉新金鑛底發現所釀成的巨大影響證明了。

正與貨幣發展為世界貨幣同，商品所有者也發展為世界人（Cosmopolitan）世界人的人間關係最先僅是商品所有者底關係。這種商品高出於一切宗教的，政治的，民族的和語言的界限之上。價格是商品的一般的語言，貨幣是商品共通的形態。但是隨着世界商品底發展與國家鑄貨對立，遂發展商品所有者底世界主義為實踐的理性底信仰，與阻碍人間物質交换之傳統的宗教的民族的及其他偏見對立。同一金貨，在英國登陸時是美國的 Eagle，到了英國就變成 Sovereign，三天後使用於巴黎就變成 Napoleon，幾星期後在威尼斯再變為許多的 ducat，然而常時保持同一的價值；所以商品所有者明白國民性"不過是 Guinea 金貨底標記"。商品所有者體認全世界之崇高的觀念，乃是市場底觀念，世界市場底觀念（註八）。

　　註八、『各民族間的交通已極廣闊地伸張到全世界，因此幾乎可以說全世界已變為一個城市，在這城市中開放着永久的商品市場，各人得坐在家内依賴貨幣底幫助而取得並享受土地，動物以及人類的勤勞在其他場合所生產之一切。怪事』

四

貴 金 屬

資本主義生產過程首先把握金屬流通為一個現成的因襲的機關,這機關雖然發生漸漸的變形,却常保持牠的基本的結構。至於為甚麼金銀用作貨幣材料而其他商品不用作貨幣材料底問題,乃屬於資本主義生產底範圍以外。所以我們應專去總括最重要的幾點。

因為一般的勞動時間僅容許分量的差異,所以用作一般的勞動時間的特殊體現之對象物必然只有表現純全分量的差異底可能,換句話說,在品質上,牠一定是完全調和的與一致的。商品必須足以完成價值尺度底功用,這是首先的條件。假如商品是以牡牛,獸皮,穀物等等來評價,那麼實際上我們是以一個想像的平均的牡牛或平均的獸皮來評價,因為在牡牛與牡牛,穀物與穀物,獸皮與獸皮中間,有品質的差異。反之,作為單純的實體之金銀是常時相等,而且牠們底相等量由此表示價值底相等量(註一)。作為一般的等價之商品所必須滿足的其他條件,即由牠表現純粹分量的差異之功用直接發生的其他條件,乃是,該商品必須有任意區分並再結合底可能,所以計算貨幣可以正好像物質般地表現。金銀獲得這些性質到最優程度。

註一、「因為金屬無論在牠們的內部結構上或外表形態上,並未由自然而賦予品質上的任何差異,所以金屬僅有這個單一的性質,即是關於金銀的一切問題得還元為一個問題,即分量問題。」(加雷亞泥前書一三〇頁)。

作為流通媒介之金銀比其他商品有這個優

點：卽是金銀在小體積裏凝結多的重要之高比重，與小體積裏凝結相對入的勞動時間，卽小體積裏所包含的大量交換價值之經濟的比重相應。這個保證轉運底便利，卽從某人到別人及從某國到別國之移轉底便利，保證出現與消滅有同樣迅速底可能性。總之，保證物質的可動性（Material Mobility），此種物質的可動性構成作爲流通行程底永久動（Perpetuum Mobile）之商品底必須條件（Sins qua non）。

貴金屬底最高貴的價值，以及牠們的耐久性，相對的不破壞性，空中不養化性，黃金在王水外以之酸性中底不溶解性；一切這些自然的性質使着貴金屬成爲儲藏底自然的材料。像是一位最愛朱古力茶之殉敎者配第，指說形成了一種墨西哥金幣之朱古力茶袋如次："啊！幸福的鑄貨，供給人類以適意的和有用的飲料，並使鑄貨的所有者免除地獄發生的貪慾病，因爲鑄貨旣不能埋藏，也不能永久保持。"

一般的金屬在直接的生產過程中所以極其重

要，是因爲牠們担負生產工具這作能。不管金銀的稀少性如何，與鐵甚至銅（銅有硬度，故供古人使用）相比，金銀因有最大的柔展性，不適於作生產工具，並且極端欠缺作爲一般的金屬底使用價值底基礎那種性質。金銀在直接的生產過程中既是無用的，故容易地不用爲生存手段，即消費對象。因爲這個原故，所以社會的流通過程得吸收任意分量的金銀，而不致損害直接的生產及消費過程。金銀的個別的使用價值，不與牠們的經濟的機能發生矛盾。再則金銀不獨是消極地過剩的對象物，即可無的對象物，反之，牠們的美觀的性質，却使牠們成爲奢侈，粧飾，華麗，和歡樂慾底自然的材料，總之即過剩和富底積極形態。因爲銀從其本來的混合中反射出一切光線，金僅反射出最强度的色彩或赤光，所以金銀表現爲從地下的世界發出來的自然光。總之，色彩底感覺是審美意思底最普通的形態。在各種印度歐羅巴（Indo-germanic）語中，貴金屬底名稱與色彩底關係間之言語學的連絡，已由格黎牧（Jacob Grimm）證明了。（參

看他的德語史 "Historg of the German Language")。

最後，金銀從鑄貨轉化爲金銀塊，從金銀塊轉化爲奢侈品之容受性，及相反的轉化之容受性，即金銀勝過其他商品之優點，在乎不拘於一定的唯一的使用形態，這個優點使着金銀成爲必須不斷地從這一形態變成他一形態之貨幣底自然的材料。

自然生產貨幣，與牠生產銀行家或折扣例無異。但因資本主義生產制度要求財富結晶爲具有單一物底形態之崇拜物，故金銀表現爲財富的適應的化身。金銀在本質上不是貨幣，而貨幣在本質上却是金銀。第一，金貨幣或銀貨幣的結晶不僅是流通過程的產物，而且事實上是牠的唯一終局的產物。第二，金銀是現成的和直接的自然生產物，沒有任何形態上的差異。社會過程底一般的生產物，或作爲生產物之社會過程自身，是一種特殊的自然生產物，卽藏於地中並由地中掘出來的金屬(註二)。

註二、七六〇年，有一羣貧民移居布拉格 (Prague) 南方。淘洗該地所產的沙金，其中三人每日能採金三馬克。結果從事採金業而捨棄農業底人數非常之多，次年全國瀕於饑荒。參考科勒 (M. G. Korner) 著 "Abhandluug Von dem Alterthum des Bohmischen Bergwereks" 士立堡 (Schneeber) 一七五八年。

我們已知金銀不能滿足人們對於作為貨幣之金銀所仰望的要求，卽具有不變分量底價值之要求，早知亞歷斯多德所云金銀含有比其他商品底平均更永久的價值量。與貴金屬底價值漲落底一般的影響無關，金銀底價值比例底變動有特別的重要，因為兩者同在世界市場上通用為貨幣的材料。這個價值變動底純經濟的原因，必須溯源於這些金屬底生產所需之勞動時間底變動；在古代的金屬價值上發生大影響之征服及其他政治的變革，於今僅有局部的和暫時的影響。金屬生產所需之勞動時間，依其自然的稀少性底程度及獲得純金屬狀態中的金屬之難易而定。事實上，金是人類所發見的最初的金屬。這是由於如次的事實：卽金——部份是依自然本身生產於個別化的及與其他物體的化合物分離的純結晶狀態中，卽煉金術者所常說的處女狀態中；他一部份若不表現在這種狀態中，則依自然在河流底大金鑛淘堭中行工藝的工作。所以無論是在河流中提取金或在冲積土中提取金，人類僅需要簡率的勞動；而銀底提取則預定鑛工及一般的技術熟練底相對的高度發展。因爲這個原故，銀的價值原來是比金底價值大，不管金底絕對的稀少性怎樣。斯特累波（Strabo）所說某阿亞伯部落以十磅金換一磅鐵及兩磅金換一磅銀底事情，似乎不是不足信的。但在社會勞動底生產力已經發展，及不熟練勞動底生產物的價值高出熟練勞動底生產物的價值之後，在地殼被普遍地開掘及金供給底最初的全面的源泉被涸竭了之後，銀底價值開始比金底價值低落。在工藝及交通手段底一定的發展階段中，新的金鑛或銀鑛底發現成爲決定的因素。在古代的亞洲，金對銀底比例是六比一或八比一，遲至十九世紀初期，後一比例尚通行於中國及日本；撒洛渾（Xenophon）時代之十比一的比例,得視爲古代中期底平均比例。古代加泰基人及以後的羅馬人所操的西班牙銀礦底採掘,與近代歐洲人的亞美利堅礦山底發現,殆有同樣的影響。至於羅馬帝政時代,十五比一或十六比一的比例可以斷定是大約的平均數,雖然當時屢屢發生更大的銀價值低落底情形。始於金價值底相對低落而終於銀價值底低落之同一運動,復演於自中世紀至現代這時代。在撒洛渾時代,中世紀金銀底平均比例是十比一,後來因爲美亞美堅礦山底發現,變到十六比一或十五比一。奧大別亞,加利福尼亞及哥倫比亞金產地底發現,使着金底價值發生新的低落 (註三)。

註三、於今奧大利亞及其他金產地底發現尚未影響金銀底價值比例。啓瓦立耳 (michel Chevalier) 的反對意見,是與這位前聖西門主義者底社會主義一樣有價值。然而倫敦市場上的銀價表證明在一八五〇年至一八五八年之間,銀底平均的金價格比一八三〇年至一八五〇年高不到百分之三。但是這種昂貴僅因爲亞洲對於銀底需要而然。一八五二年至一八五八年中,僅在某些年月,銀價格是隨這種需要底變動而變動,從未隨新發現的金產地之金底重要而變動。

下面卽是倫敦市場上銀底全價格底概要。

每一盎斯銀底價格

年	三月	七月	十一月
一八五二	$60\frac{1}{8}$ 辨士	$60\frac{1}{4}$ 辨士	$61\frac{1}{8}$ 辨士
一八五三	$61\frac{3}{8}$ 辨士	$61\frac{1}{2}$ 辨士	$61\frac{7}{8}$ 辨士
一八五四	$61\frac{7}{8}$ 辨士	$61\frac{3}{4}$ 辨士	$61\frac{1}{2}$ 辨士
一八五五	$60\frac{7}{8}$ 辨士	$61\frac{1}{2}$ 辨士	$60\frac{7}{8}$ 辨士
一八五六	60 辨士	$61\frac{1}{4}$ 辨士	$62\frac{1}{8}$ 辨士
一八五七	$61\frac{3}{4}$ 辨士	$61\frac{5}{8}$ 辨士	$61\frac{1}{2}$ 辨士
一八五八	$61\frac{5}{8}$ 辨士		

c. 關於流通媒介及貨幣之諸學說

在近代資本主義社會底幼穉期，即十六世紀與十七世紀間，一般的黃金慾驅使各國君民於十字軍來越海尋求金聖杯底時候（註一），近代世界底最初的解釋者，即貨幣制度——重商主義僅是這種制度底變體——底創立者，宣稱金銀或貨幣是構成財富之唯一物。從簡單的商品流通底立場來看他們認為資產階級底任務是在儲蓄貨幣．即建立不能受衣魚鏽菌所侵蝕底永久的儲藏貨幣；這是十分對的。關於貨幣制度，沒有理由說三鎊價格

一噸底鐵與值價三鎊的金有同樣大的**價值**。這裏的問題不是交換價值底大小，而是指甚麼構成牠的適當形態。假如貨幣制度及重商主義以世界貿易及與此種貿易直接相關之國民勞動底特殊部門，目爲財富或貨幣底唯一眞實的源泉，那麼我們一定感到那時代的國民生產底大部份，仍然是依封建的形態而進行的，而且是生產者直接取得生活資料之源泉。生產物底大部份不曾轉化爲商品，所以也不曾轉化爲貨幣，即不曾參入一般的社會的物質交換，所以不曾表現爲一般的抽象勞動底具體化，而且事實上也不曾構成資產階級的財富。作爲流通底目的之貨幣是交換價值或抽象的財富，然而這不是財富底物質的要素，並且不曾形成生產底動力及動機。那些無組織的預言者，憑信他們在資產階級生產底初期階段中所通行的條件，堅持交換價值底純全的，得觸知的及光輝的形態，即其作爲一般的商品與一切特殊商品對立的形態。那時固有的資產階級的經濟領域是商品流通底領域。所以他們從那初步的領域來判斷資產階級生產底全部複雜過程，並且混雜資本與貨幣。近代經濟學者反對貨幣制度及重商主義之無止息的鬥爭，多半起因於這種制度在殘酷野蠻的形態中洩露了資產階級生產底祕密，卽其受交換價值底支配這事實。里嘉圖雖然在關於這事底應用上是錯誤的，但曾說及卽令在饑荒時期，穀物輸入不是因爲國民飢餓，而是因爲穀物商要儲存貨幣。國民經濟學在對於貨幣制度及重商主義底判評上，攻擊這種制度是純粹的幻想和純粹的謬論，不曾深入認識這種制度自身的基本的前提底野蠻形態。此外這種制度不僅有歷史的權利，並且在近代經濟學底一定領域裏，直到現在還保持着完全的市民權利。在資產階級底生產制度——在這種生產中，財富具有商品底基本形態——底一切階段中，交換價值具有貨幣底基本形態，又在生產過程底總階段中，財貨再暫時復歸於一般的基本的商品形態。就是在資產階級經濟最發展的階段中，金銀作爲貨幣之特殊功用，與牠們的流通媒介底功用對立，卽區分金銀與一切其他商品之功用，仍然沒有廢除,而但受了限制,因為貨幣制度及重商主義保持牠的市民權利。所云金銀與其他俗界的商品對立,成為社會勞動底直接的化身,即抽象財富底表現之舊教的事實,自然中傷資產階級經濟學底新教的名譽,且據以下所云,資產階級經濟學不怕貨幣制度底偏見, 長期失去牠對於貨幣流通底現象之判斷。

註一、『黃金是一個怪物!誰有了黃金,誰就是他所希望的一切底主人。有了黃金,即要靈魂上升天堂,也可以成功。』(一五〇三年詹邁加給科倫布的信)。

這是十分自然的;古典經濟學與僅從貨幣的流通底結晶的產物底形態規定來理解貨幣之重商主義相反,應該首先是從出滅於商品變形過程內部之交換價值底貨幣的流動形態來理解貨幣。而且因為完全從 C——M——C 形態來理解商品流通再又完全從出賣和購買底動的統一底形態來理解 C——M——C 形態,所以竟至從與牠的貨幣功能對立之流通媒介底功能來理解貨幣。且如上述,當此流通媒介孤立於鑄貨功能中, 遂變為價值標記。然而古典經濟學爲要將金屬流通目爲流通底支配的形態，遂確定金屬貨幣爲鑄貨，確定金屬鑄貨爲純粹的價值標記。按照支配價值標記底流通之法則，而成立商品價格依通貨量而定之命題，以替代通貨量依商品價格而定之相反的原則。我們知道這種見解已由十七世紀的意大利經濟學者多少明白地說明了。洛克時而肯定這個原則，時而又否定這個原則；這事已由孟德斯鳩及休謨在"Spectator"（一七一一年十月十九日）上明白地說明了。因爲休謨在十八世紀是這個學說加重要的代表，茲遂從他來開始我們的檢討。

在某些假定之下，流通金屬貨幣量底增減，或流通價値標記量底增減，似乎一樣影響商品價格。因爲商品的價値尺度底變動，隨着評價商品底交換價值爲價格之金或銀底高漲或低落，而發生價格底高漲或低落，因爲價格底高漲或低落，或大或小的金銀分量便正通用爲鑄貨。但是顯明的現象是隨流通媒介底分量底增減而發生之價格底低落——商品底交換價值不變。在他一方面，假如價值標記底分量高出或低過其必要的水平，這個分量便依商品價格底漲落而強制地還元於必要的水平。無論在那一場合，同一作用似乎是由同一原因而釀成的，所以休謨堅持這種外觀。

關於流通媒介底分量與價格運動間的關係之科學的研究，必須假定貨幣材料底價值為已知的。反之，休謨則全然考察貴金屬底價值底變革，卽價值尺度底變革底時代。自亞美利堅的鑛山發現以來，隨金屬貨幣底增加而同時發生之物價高漲，形成他的理論底歷史的背景，而他反對貨幣制度及重商主義之駁論，形成他的理論底實施的動機。貴金屬的生產費雖然依舊不變，而貴金屬底輸入得自然增加。在他一方面。貴金屬價值底減少，卽貴金屬生產所必需之勞動時間底減少，首先必表現為貴金屬底供給底增加。所以休謨的信徒說，貴金屬價值底減少 表現為流通媒介底增加的分量，而流通媒介底增加的分量，表現為商品價格底高漲。然而事實上，商品價格底高漲僅影響出口的商品，此種商品交換作為商品而非作為流通媒介之金銀。於是這些用價值較低的金銀來評價之商品底價格，比仍舊以按照舊生產費的標準之金銀來評價交換價值之一切其他商品底價格高漲。在同一國家中，商品底交換價值底這兩重評價自然只能暫時存在，而金銀價格必然依交換價值本身所決定的比例而平均，結果一切商品底交換價值都依貨幣材料底新價值來評價。這個過程如何發展底問題，以及商品底交換價值如何確立於市場價格底變動底限制內底問題，均非屬於本範圍底問題。然而所謂這個平均化是很遲漫地發生於資產階級生產底低發展時期，並經過一長期，不曾與流通現金底增加持同一步調之說，已由十六世紀中商品價格底運動底新的批判的研究明顯地證明了 (註二)。休謨的信徒所引關於古羅馬國的物價因征服馬其頓，埃及，和小亞細亞之結果而高漲之適當的參考，是十分不相干的引證。忽然將儲藏貨幣從此國移入彼國之古代獨特的方法，這是強制移轉的，並且是依單純的掠搶過程而引起某一國貴金屬底生產費底暫時的減少，不能影響貨幣流通底內在的法則，正與羅馬國裏埃及與西西里的穀物底無報酬的分配不能影響支配穀價之一般法則同。休謨與十八世紀一切其他作家同樣，缺乏關於貨幣通用底詳細觀察所必需的材料。這種材料應該從銀行業底完全發展開始；第一包括商品價格底批判的歷史，第二包括關於流通媒介底伸縮與貴金屬底輸入及輸出等等之公開的及經常的統計。休謨的流通學說得總括爲以下諸命題：一，一國的商品價格是依該國現存的貨幣分量（實在的或象徵的貨幣）而定；二，一國的貨幣流通代表該國所有的一切商品。按照這個代表物即貨幣底分量多少底比例，發生被代表物底分量比該代表物底同一分量或大或小。三，假如商品的分量增加，則商品底價格低落，換言之，即貨幣底價值高漲。反之，假如貨幣底分量增加，則商品底價格高漲，而貨幣底價值低落(註三)。

註二、休謨承認這個過程底運慢，雖然這簡直不與他的原理一致。參看休謨著『論文集』(Essays and Treatises on Several Subjects)第一卷三〇〇頁倫敦一七七七年。

註三、斯圖亞特前書第一卷三九四至四〇〇頁。

休謨說:"由貨幣底豐富而引起之凡物昂貴,對於現成的商業是不利的,因為貨幣少的國家得在各外國市場上以廉價出賣商品於貨幣多的國家。"(休謨著前書三〇〇頁)。"如果我們單獨考察一國,鑄貨非常的豐富,但因需要鑄貨底較大**分量**來代表商品底同一**分量**,所以鑄貨底豐富不能發生好或壞的影響;正如不用需要少數字碼之亞拉伯式記數法而用需要多數字碼之羅馬式記數法,對於商人簿記不發生任何差變。貨幣底較大**分**量與羅馬字碼同,反而是更不便利的,且在儲藏和運輸時發生更多的麻煩。"(前書三〇〇頁)為證明一切計,休謨應曾指明在一定的記數法之下,使用的數字底數量不是依數目底大小而定,反之,數目底大小是依所用的數字底數量而定。這是絕對正確的:用價值跌落的金銀來評價或"計算"商品價值,並沒有甚麼益處。此即各國對於流通商品底價值總額底增加往往覺得用銀計算比用銅計算便當,用金計算又比用銀計算便當的理由。按照各國民致富底比例，他們將價值少的金屬轉化為補助鑄貨，將價值多的金屬轉化為貨幣。而且休謨不記得為要以金銀來計算價值，並不必要有"現存的"金銀。他以為計算貨幣與流通媒介是一致的，而且都是"鑄貨"。休謨的結論說，商品價格底漲落依通貨量而定，因為價值尺度底價值底變動，即作為計算貨幣之貴金屬底價值底變動，引起商品價格底漲落，而且在流通速度一定底場合，也引起通貨總額底變動。在十六世紀及十七世紀間，不僅金銀底分量增加了，同時金銀的生產費也減低了。休謨得從歐洲礦山底停閉這事實看出這個。在十六世紀及十七世紀，因為大批亞美利堅金銀底輸入，歐洲的商品價格高漲，所以任何一國的商品價格是依國現存的金銀底分量而定。此為休謨的第一個"必然的結語"（前書三〇三頁）。在十六世紀及十七世紀，商品價格不曾隨貴金屬底分量底增加而一樣高漲，在商品價格的任何變動表現很明顯以前，不止經過半個世紀，在開始用價值跌落的金銀來評價一般商品底交換價值以前，即在這個變革影響於一般的價格標準以前，甚至經過更長的期間。所以休謨與他的哲學的原則十分矛盾，將觀察不完全的事實不分皂白地概括爲如次的結論：商品價格或貨幣價值不依該國現存的貨幣總額而定，而依現實流通的金銀分量而定，然而在長期流動中，一國現存的金銀必須被流通吸收作爲鑄貨（註四）。這是明白的：如果金銀不管關於流通之其他一切法則如何，有牠們自身的價值，那就僅有金銀底一定分量得通用爲有一定價值之商品底等價。所以若不管商品價值底總額多少，一國偶然存在的金銀底每一分量，都須參入商品交換過程作爲流通媒介，於是金銀沒有內在的價值，事實上便不是現實的商品。這是休謨的第三個"必然的結語"。他以無價格之商品和無價值之金銀參入流通。這就是他爲甚麼不曾說及商品和金底價值，而但說及牠們的相關分量底理由，洛克所謂金銀僅有想像的或習慣上的價值，即是攻擊貨幣制度主張惟獨金銀有眞實價值之反對說底最初的野蠻的形態。金銀的貨幣資格起於金銀在社會交換過程中所完成之功能這事實。解釋起來得到如次的結果，即金銀自身的價值以及這價值底大小是起於社會的功能(註五)。所以金銀是無價值物，然而這些無價值物却在流通範圍內部獲得一假擬的價值，作爲商品底代表物。牠們不是由流通過程轉化爲貨幣，但轉化爲價值。牠們的這個價值是依牠們自身的分量與商品的分量底比例而定，因爲這兩者必須彼此平衡。於是休謨遂將金銀參入商品界作爲非商品。但是一到牠們表現於鑄貨形態中，他又反過來將牠們轉化爲純粹的商品，這純粹的商品必須依簡單的物品交易來交換其他商品。這樣，假如商品界僅包有一種商品，且說是一百萬夸脫的穀，這個意思得很簡單地說明如次：假定共有金兩百萬盎斯，則每一夸脫穀應交換兩盎斯金，假如共有金兩千萬盎斯，則一夸脫穀應交換二十盎斯金，因爲商品價格和貨幣價值與現存的金底分量成反比例而漲落(註六)。但是商品界包含使用價值底無數差異，這些使用價值的相對價值決非依牠們的相對分量而定。然則休謨如何思考商品分量對金分量底這種交換呢？卽是以各商品作爲諸商品總量底一可除部份來交換金分量底一適應的可除部份，休謨遂以這種無意義的無實質的觀念自滿。發生於商品中所含之交換價值及使用價值底對立，並表現於結晶爲種種貨幣形態之貨幣流通裏的商品運動過程，彼此消滅，變爲一國現存的貴金屬分量與同時存在的商品分量之想像的機械的等一化。

　　註四、休謨前書三〇七，三〇八，三〇九頁。「這是明白的，商品價格並不怎樣依一國現存的商品底絕對分量及貨幣底絕對分量而定，寧依能夠或者可以運入市場之商品分量及流通的貨幣分量而定。假如鑄貨鎖在箱裏，牠對於商品價格正與鑄貨絕滅時是一樣的事。假如商品儲藏在倉庫或穀倉裏，也發生同樣的影響。在這些場合，貨幣與商品既永久不接觸，便不能相互影響。結果價格底全部便與王國現存的硬幣底新分量成正比例。」

　　註五、參看羅（Law）和富蘭克林的剩餘價值論，他們認定金銀是從牠們的貨幣功能而獲得剩餘價值。福朋來斯（Forbonnais）同。

註六、這個假定已由孟德斯鳩正確地說明了。(這節是馬克斯在資本論第一卷第一篇第三章第二段附註上從孟德斯鳩引用來的。見德文本第二版考茨基註。)

斯圖亞特從休謨和孟德斯鳩底詳細的批判開始他的關於鑄貨及貨幣底性質底研究(斯圖亞特前書第一卷三九四頁)。通貨底分量是依商品底價格而定？抑是商品底價格依通貨底分量而定？他的確是提出這個問題底第一人。雖然他的分析被他的關於價值尺度底空想的概念，關於交換價值底游移的見解，以及關於重商主義底留戀弄得莫明其妙了，但他發見了貨幣底本質形態及貨幣通用底一般的法則，因爲他一方面未曾攻擊商品與貨幣底機械的分離，他方面又從商品交換底不同的樣式進而發展牠的種種功能。他說，貨幣是用來達兩個目的：即爲債務底淸償及爲必需物底購買；這兩個目的一同形成"對現金底需要"。商工業底狀況，人民底生活方法及慣常的支出，一同支配並決定"對現金底需要"底分量，即"出讓"底數量。爲欲影響這許多支付，需要貨幣底一定的比例。"出讓"底數量雖然不變，而這個比例得隨情形而增減。無論怎樣，一國的流通僅能吸收貨幣底一定分量（斯圖亞特前書第二卷三七七至三七九頁）。"決定一切物底標準價格者，卽需要與競爭底複雜的作用；"後者"完全不依一國現存的金銀底分量而定。"然則那不必作爲鑄貨之金銀會變成甚麼呢？是被儲藏或供奢侈品底製造。如果金銀底分量低過於流通所必需的標準，則象徵的貨幣或其他代用物便起而補充。如果交換底合適比例釀成一國貨幣底過剩，同時又切斷對於輸出外國底需要，那麼貨幣必然要蓄積在鐵箱裏，從此財富便如藏在鑛山中一般不發生任何影響。"

斯圖亞特所發見的第二個法則，卽是信用流通向着牠的出發點之逆流底法則。最後他說明各國利息率底差異對於貴金屬底國際的輸出與輸入的影響。此處我所說及的最後兩點僅在爲補充計，因爲這兩點對於我們所論究的題目只有一點遙遠的關係（註七）。象徵貨幣或信用貨幣——斯圖亞指尙未區別貨幣底這兩個形態——得在國內流通範圍裏替代作爲購買手段或支付手段之貴金屬，但在世界市場上則否是。所以紙幣是"社會底貨幣"，而金銀是"世界底貨幣"（註八）。

註七、『多餘的鑄貨得儲藏，或融化爲金板。……至於紙幣，在用之達到了供給借紙幣者底需要底第一個目的之後，便歸於發行者之手並實現了。……所以即令一國底硬貨有極大的增減，商品依然是按需要和競爭底原則而漲落，需要和競爭又常依有財產者或有其他可成立的任何等價者底願望而定，絕不依他們現有的鑄貨底分量而定。……假定這個（即一國現存的硬貨底分量）歷來極少，但有任何名稱底不動產及對於佔有不動產的人底消費競爭，物價必然依物品交易，象徵貨幣，相互給付及許多其他發明而高漲。……如果這個國家與其他各國交通，那麼一定有本國各種商品底價格與外國各種商品底價格間底比例，而硬貨底偶然增加或減少，若能直接發生提高或減低物價之效果，勢必因外國競爭而限制牠的作用。』（前書第一卷四〇〇至四〇二頁）『任何一國底流通必須按照生產那運入市場的商品之住民底產業底比例。……所以一國底鑄貨，若低過提供出賣之產業底價格底比例，便仰賴新發明如象徵貨幣來供該鑄貨的等價。但若硬貨高出產業底比例,這個硬貨不會有提高價格底影響,也不會參入流通,但會儲藏爲儲藏貨幣。……不管一國與其他各國交通的貨幣分量是多少,絕對不能存留在流通裏,但是這個分量幾乎與富的住民底消費及窮的住民底勞動和勤勉成比例』,而且這個比例不是依『一國現存的貨幣底分量而定。』(前書四〇三至四〇八頁)『一切國民便會努力將國內流通所不需之現金投入貨幣利息比本國高底國家去。』(前書第二卷五頁)『歐洲最富的國家可以是流通硬貨最貧的國家。』(前書第二卷六頁)。關於反對斯圖亞特底論爭,請看楊亞塔(Arthur Young)的主張。(在資本論第二版第一卷第一篇第一章六二頁附註上,馬克斯說,楊亞塔在斯圖亞特的『政治算術』中題爲『物價依貨幣分量而定』底一專章上,擁護休謨的理論以反對斯圖亞特及其他諸人底攻擊。德文本第二版考茨基註)。

註八、斯圖亞特前書第二卷三七〇頁。布郎克將替代國內的或國民的貨幣之『社會底貨幣』(money of Society)這一名詞譯爲『社會主義的貨幣』(Socialist money)這是完全無意義的,徒變成約翰羅(John Law)社會主義者。(參看法國革命史第一卷。』

遺忘自身的歷史，是有歷史法學派所謂"歷史的"發展之諸國民底特徵。關於商品價格與流通媒介分量底關係之論爭，雖在最近半世紀以來，繼續不斷地騷動了英國國會，並在英國刊行了大小成萬的小册子，然而斯圖亞特却依然是一個"死狗"，甚至過於在勒新（Lessing）時代的孟特爾遜（moses mendelson）所目爲的"死狗"斯賓羅莎（Spinoza）。就是最近的通貨史家馬克拉南（maclaren），也將亞丹斯密司目爲斯圖亞特的理論底發見者，將里嘉里目爲休謨的理論底發見者（註九）。里嘉圖闡明休謨的理論，而亞丹斯密司則認定斯圖亞特的研究底結果是死的事實。亞丹斯密司甚至以"貨幣積少成多"（money mickles mak a muckle）這句格言應用於他的精神的財富，並小心地隱匿他所毫不負欠而想獲得極多底出所。當他覺得關於明白規定這問題之計劃勢必要對於他的先驅者清算底時候，他曾屢次寧願中折這討論底要點。關於貨幣論，也是這樣。當他說及一國現存的金銀一部份是用作爲鑄貨，一部份是替沒有銀行底國家底商人蓄積爲準備基金，或在有信用流通底國家裏蓄積爲銀行支付基金，一部份是爲着國際支付底清算用作儲藏貨幣，一部份轉變爲奢侈品這時候，他默認斯圖亞特的理論。他沒有提出關於流通鑄貨底分量底問題，極端錯誤地把貨幣當做純粹商品(註十)。他的俗化者，卽法國人稱爲"科學底王"之愚闇的舍易——恰像歌特喜德 (Johann Christoph Gottsched)，他稱他的斯科來啓(Schönaich) 是荷馬，稱他自己是對'主要的恐布和優雅的光 (Terror Principum and lux mundi）之阿乃悌羅 (Pietro Aretino)——將亞丹斯密司底這個不全是無意的失錯尊爲一條教義(註十一)。然而我們應該說，亞丹斯密司對於重商主義的幻想底仇視態度，使他對於金屬流通底現象，不克具有客觀的見解，雖然他的關於信用貨幣底見解是獨創和深刻的。正與在十八世紀的化石說中，常感有關於洪水之聖經傳說底批判或辯護所發生的潛流底存在同，在十八世紀底一切貨幣論之後，也隱匿着對於貨幣制度之祕密鬥爭，卽關於看護資產階級經濟學底搖床並常投影於立法上的魔鬼之祕密鬥爭。

註九、馬克拉南前書四三頁以下。愛國主義使着一位早死的德國作家朱留斯(Gustav Julius)承認老卜喜(Büsh)是反對里嘉圖學派之泰斗。誠實的卜喜將斯徒亞特的雅美的英語譯成漢堡的通俗語，並爲改正原文之故而儘量常將原文改惡了。

註十、第二版註：這不是一個正確的叙述。亞丹斯密司曾在許多場所正確地解釋過這個法則。〔參看資本論六二頁註一。馬克斯在七年後寫此註時提出以下的解說：『這個說明僅在亞丹斯密司依據職權（ex officio）來論究貨幣時適用。但在對於早昔的經濟學體系底批判上，他一向具有正確正見解。『各國的鑄貨分量是依以鑄貨來流通之商品底價值而定。……一國逐年買賣的貨物底價值，需要貨幣底一定分量來流通這些貨物，並分配給各自的消費者，而不能給別人使用，流通底渠必須引出足夠充滿這個渠之總數，而絕不許多。』國民財富論第四篇第一章〕）。

註十一、通貨與貨幣底差異不見於『國民財富論』中。誠實的馬克拉南被深知他的友人休謨和斯圖亞特之亞丹斯密司底明顯的公平所騙，說：『物價依通貨分量而定之理論還不曾受人注意;所以斯密司博士與洛克先生(洛克改變了他的見解)同,認定金屬貨幣僅是商品而非其他。』(馬克拉南前書四四頁。)

在十九世紀,關於貨幣本質底研究,不是直接由金屬流通底現象所激起,寧是由銀行券流通底現象所激起。前者僅在發見支配後者之法則時才論。一七九七年英格蘭銀行正金支付底停止,此後許多商品底價格底高漲,金底鑄貨價格低過其市塲價格之跌落,特別在一八〇九年以後銀行券底跌價;對於國會內的政黨之爭及國會外的理論的爭論——兩者都本同樣的熱情行動——,予以直接實施的機會。關於這個論爭底歷史的背景,導因於十八世紀間底紙幣歷史:卽約翰羅銀行底失策;從十八世紀底初期至中葉,與價值標記底數量的增加同時發生之北美各英屬殖民地底地方銀行券底跌價;其次是獨立戰爭時美政府所發行為法定貨幣之聯合殖民地的紙幣(Continental bills);最後是按更大額發行的法國土地擔保紙幣(assignats)底實驗。當時多數英國學者都將極不同的法則所支配之銀行劵底流通,與價值標記或國家法定紙幣底流通混同了,所以當他們要求以金屬流通底法則來說明這種法定貨幣流通底現象這時候,事實上他們走上了正相反的道路,即從前者底現象而推出後者底法則。我們省去自一八〇〇年至一八〇九年中底無數作家,而直接論到里嘉圖,這個有兩層理由,第一因為他總括了他的各前驅者底見解,並且極精細地正式陳述了這些見解,第二因為他所給予貨幣論之樣式,直到現在還支配着英國的銀行立法。里嘉圖與他的前驅者同,以銀行劵或信用貨幣底流通與純價值標記底流通混同。最令他留意底事實,是隨商品價格底高漲而發生之紙幣底跌價。美洲鑛山之對於休謨亦猶針線街底紙幣印刷機之對於里嘉圖。所以他自己在他的著作的某些地方,明白地將這兩個原因同一起來。他的最初的著作,專門論究關於立在各閣員及主戰派方面之英格蘭銀行與集中在國會反對派,民權黨及和平黨之對敵間底極激烈的論爭時代之貨幣問題。那些著作是一八一〇年金條委員會——該會採用里嘉圖的見解——底著名的報名底直接的前驅。(註十二) 稱里嘉圖及他的將貨幣看作純粹價值標記之諸信徒爲金條主義者這囘怪事,不是起因於該委員會底名稱,而是起因於他們的理論底本質。在他的關於經濟學底著作裏,里嘉圖再又重復發揮這些同樣的見解,但是沒有一處,他曾像研究交換價值,利潤,地租等一般來研究貨幣底本質。

> 註十二、里嘉圖著『金條底高價,即銀行券底低價之證明』(The High Price of Bullion, a Proof of the Depreciation or Bank-notes 第四版倫敦一八一一年。初版在一八九年出版)更有『對於博山克的關於金條委員會底報告底考察之辯答 (Reply to mr. Bosanquet's Practical Observations on the report of the Bullion Committee)倫敦,一八一一年。

首先,里嘉圖以體化於金銀行之勞動時間底分量來決定金銀底價值,與決定一切其他商品底價值同(註十四)。一國的流通媒介底分量,一方面依貨幣底尺度單位底價值而定,他方面依商品底交換價值底總和而定。這個分量是依支付方法底經濟而修正(註十五)。貨幣底分量卽得爲流通所吸收的一已知價値底分量旣已決定，流通範圍內部貨幣底價値旣僅表現在牠的分量裏，故單純價値標記得在流通中替代貨幣，假如這價値標記是按照依貨幣價値所決定之比例而發行的。且在事實上，"通貨在包括全部紙幣並與所代表的金成等價値底紙幣時，是最完全的狀態。"（里嘉圖著"經濟學原理"四三二頁）里嘉圖旣經假定貨幣底價値爲已知的，以商品價格來決定流通媒介底分量，遂將作爲價値標記之貨幣指爲金底一定分量底標記，而不與休謨同，指爲商品底全無價値的代表物。

註十三、里嘉圖著『經濟學原理』七七頁。〔黃金屬〕的價値〔與一切其他商品底價値同〕，是依獲得金屬及以金屬運入市場所需之勞動分量而定。』

註十四、前書七七，一八〇，一八一各頁，

註十五、里嘉圖前書四二一頁。『一國得使用之貨幣分量必須依貨幣的價値而定。若但使用金來供商品底流通，應需要一個分量。若使用銀來供同一目的，僅十五分之一是需要的。』（參看里嘉圖著『關於經濟的及安全的通貨之結議」("Proposals for an Economic and Secure Currency")倫敦，一八一六年，八六頁。里嘉圖在這裏說：『流通紙幣底總額依該國流通所必需之總額而定；這個必需的總額是依貨幣單位底價值，支付底總額及現實場合底經濟而規定。』

里嘉圖在忽然走開他的叙述底直徑而抱持極相反的見解這時候，他竟轉向注意於貴金屬底國際流通，引進題外的考察使這個問題陷於混亂。我們權且附和他自己的理解底路徑，而且為欲除去凡是人為的以及附隨的一切，我們權且假定金銀鑛山都是位於以貴金屬通用為貨幣之國家內部。依里嘉圖所述的理論而導出的唯一推論，卽是金底價值旣然已知，流通貨幣底分量必依商品價格而定。所以在一定期間，一國流通的金底分量僅依流通商品底交換價值而定。現在我們且就假定這些交換價值底總額已經減少，減少的理由，或則因為按舊交換價值而生產之商品過少，或則因為增加的勞動生產力之結果，同一商品分量僅有較少的價值。或者在他一方面，我們又得假定這些交換價值底總額已經增加，增加的理由，或則因為商品底分量已經增加，而商品的生產費仍舊一樣，或則因爲減少的勞動生產力之結果，同一或較少的商品分量底價值已經增加。在這兩個場合，流通金屬底已知分量變成爲甚麼呢？假如金是貨幣，僅因爲牠是作爲流通媒介之通貨，即是假如金同國家有強制通用力的紙幣一樣，強制牠停留在流通裏（這是里嘉圖腦裏所想像的），那麼在前一場合，流通貨幣底分量必然漲過依金屬底交換價值而定之通常水平，在後一場合必然低過這種水平。金雖然有牠自身的價值，但在前一場合，必然變成但有比牠自身的交換價值更低的交換價值之金屬底標記，而在後一場合，必然變成有較高的價值之金屬底標記。在前一場合，金必然成爲比牠自身的價值小之價值標記，在後一場合，則成爲比牠自身的價值大之價值標記（而且是從有強制通用力的紙幣而來的抽象推論）。在前一場合，商品如同是以價值比金低之金屬來評價，在後一場合，商品如同是以價值比金高之金屬來評價。所以在前一場合，商品底價格必然高漲，在後一場合，商品底價格必然低落。無論在那一場合，價格底運動，即價格的漲落，必然發生流通的金分量底相對的膨脹或收縮。高於或低於適合金自身的價值之準則，即高於或低於金自身的價值與流通商品的價值間底比例所決定的通常分量。

假如流通的商品底價格總額不變，而流通的金分量高於或低於適當的準則，必然發生同一過程，因為流通行程中磨滅了的金鑄貨不曾依礦山底相應的金分量底新生產而補償，故發生第一個情形。因為金礦底出產超過流通底需要，故發生第二個情形。總之，無論在那一場合，金的生產費或價值都仍舊不變。

要之，當通貨底分量依牠自身的金條價值而定，商品底交換價值旣然已知，通貨是在正常的準則中。當商品底交換價值總額減少，或金礦底出產增加，通貨遂高出於這個準則，釀成金價值低於牠自身的金條價值之低落，及商品價格底高漲。當商品底交換價值總額或金礦底出產不足彌補那磨滅了的金分量，通貨低於牠的正常的準則，釀成金價值高於牠自身的金條價值底高漲，及商品價格底低落。在這兩個場合，流通的金變為大於或小於牠所現實含有的價值之價值標記。牠得變成牠自身的漲價的或跌價的標記。恰在一切商品要開始以有這種新價值的金來評價底時候，一般的商品價格要隨之高漲或低落底時候，流通的金底分量必然再適應流通底需要（里嘉圖十分高興地力說的結果），然而與貴金屬底生產費以及作為商品之貴金屬與所有其他一切商品底關係發生矛盾。按照里嘉圖的一般交換價值論，高出於金的交換價值即高出於依金所含的勞動時間而定的價值之金價值底高漲，必然促進金生產底增加，直到增加的金生產得減低金價值到適當的大小為止。同時，金底價值低於牠自身的價值之跌落，必然釀成金生產底減少，直到金價值再高漲至適當的大小為止。由於這兩個相反的運動，金的金條價值與金的流通媒介價值間底差異必然絕滅，流通的金分量底正常準則必然恢復，價值準則必然再與價值尺度適應。流通的金底價值底這些變動，必然同樣影響具有金條形態的金，因爲照我們的假定，凡不用作奢侈品之一切物品，都當存在於流通裏。金自身旣得變成鑄貨與金條，卽大於或小於金條價值之價值標記，那麼那些流通的可兌換銀行券不得不分遭同一運命，這不是言自明的。銀行券雖有兌換性，卽牠們的現實價值與名目價值相合，但照上述的理由，"包括金屬及兌換券之總通貨得按照其價值漲過或低過依流通商品底交換價值及金底紙屬價值所決定的準則而增減，由此看來，不換紙幣比兌換紙幣僅有一個優點，卽是不換紙幣得由兩重原因而低落。或則因爲牠發行得太多，可以跌落到比牠所代表的金屬底價值低，或則因爲牠所代表的金屬自身已經跌價，所以牠也跌價。這個價值低落，不是與金對立的紙幣底價值低落，而是金與紙幣共有的價值低落，卽一國底通貨總量底價值低落；是里嘉圖的主要的發見之一。奧味斯湯公司利用這些發見，作成一八四四年及一八四五年皮耳銀行條例底基本原則。

里嘉圖已證明的事，乃是商品價格或金價值

依流通的金底分量而定。這個證明包括尚待證明的前提，即是作為貨幣之貴金屬底分量必須變成流通媒介即鑄貨，不管鑄貨自身的內在價值所含的比例怎樣，而且必須變成流通商品底價值標記，不管這些商品底總價值怎樣。換句話說，這個證明忽略了貨幣在牠的流通媒介底功用以外所完成之一切其他功用。里嘉圖完全為價值標記底價值依牠的分量而低落之現象所支配，例如在對於博山克爭論底場合，當他受嚴重壓迫時，他便倚持武斷的杜說。（註十六）

註十六　里嘉圖著『對於博山克君的實際觀察底辯答』"Reply to mr. Bosanquets Practical Observation"四九頁。『商品底價格必然依貨幣底增加比例而漲落這事實，我認定是一件毫無疑義的事實。』

假如里嘉圖是和我們一樣由抽象的理解來建立這個理論，不導入那些僅昏亂他對於本問題底注意之具體的事實與附隨的事件，這理論的欠限必然是顯明的。可是他是就國際的樣式來着手總的說明。然而這是容易證明的，規模底宏大不曾使他的觀念成爲不細小的。

　　他的第一個命題如下： 當金屬通貨底分量是依由貨幣底金屬價值來評價的流通商品底價值總額而定時，金屬通貨底分量是正常的。茲以國際的意味來解說這命題如次：在流通底正常狀況中，各國都有"適應該國的商業和財富底狀況"之貨幣量。貨幣在適應牠的現實價值或牠的生產費之價值中流通，卽是貨幣在一切國家裏有同一價值（註十七）。情形既然如此，"一國與他國間便無法發生貨幣底輸入或輸出"（註十八）。於是各國間必然保持通貨底平衡。今則國內的通貨底正常準則是用通貨底國際的平衡底意義來解說，這事實卽是指國民性完全不能改變一般的經濟法則。於今我們再達到了和從前一樣的致命的問題。正常準則是怎樣攪亂的呢？或者以新的用語來說，通貨底國際的平衡是怎樣攪亂的呢？ 卽貨幣在各國裏怎樣不保持同樣的價值呢？或者最後，貨幣怎樣不依牠自身的價值通用於各國呢？ 我們已知正常準則被攪亂，是因爲流通貨幣底分量增減，而商品底總價值不變，或因為流通貨幣底分量不變，而商品底交換價值漲落。同樣，依金屬價值自身而定之國際的準則被攪亂，是由於一國新金礦底發見所引起的金分量底增加（註十九），或由於某一特殊國家裏流通商品底交換價值底總額底增減。正與在前一場合，貴金屬底生產增加或低少，是依應縮小貨幣抑應開展通貨以及應增加價格抑應減少價格而定，於今一國對他國底輸出及輸入也發生同樣的影響。在商品價格必然高漲底國家，或在因過多的通貨分量之故金底價值必然低至金條價值以下底國家，金底價值必然比他國低落，而商品底價格必然比他國高漲。所以金必須輸出，而商品必須輸入；在反對的場合，則發生反對的結果。正與從前的金底出產同，於今金底輸入或輸出以及與之相伴的商品價格底低落，必然一直繼續到已經回復從前所謂金屬與商品間之正的價值關係為止，或現在所謂通貨底國際的平衡為止。正與從前金底生產是因為金高於或低於牠的價值而增減同樣，於今金底國際的移動也必然因此理由而存在。正與從前流通的金屬底生產底每一變動必然影響流通金屬底分量及價格同樣，於今國際的輸入或輸出也必然發生這些影響。金與商品底相對的價值，或通貨底正常的分量，一經回復除去補償磨滅的鑄貨及供給奢侈品工業底消費以外，在前一場合中不會行更多的生產，在後一場合中不會行更多的輸出或輸入。所以"關於輸出貨幣以交換商品之企圖，或即所謂貿易底逆平衡，除去因通貨過多以外，決不發生。"（前書一一至一二頁）"鑄貨底輸出由牠的低廉所致，但不是逆平衡底效果，而是逆平衡底原因。"（前書十四頁）既然第一場合中金底生產底增減以及第二場合中金底輸出入，僅發生於金分量漲過或跌過金的正常準則時，即金的價值比牠的金條價值高漲或低落時，或商品價格太高或太低時，則每一這樣的運動發生修正手段（Corrective）底作用，因為由於通貨底結局的伸縮，價格回復到牠們的眞正的準則：這個準則在第一場合代表金和商品底個別價值間底平衡，在第二場合代表通貨底國際的平衡。換句話說，貨幣通用於各國，僅以通用爲每一國之鑄貨爲限。貨幣僅是鑄貨，所以一國所有現存的金必須參入流通，換言之 金得漲過或跌過牠的作爲價値標記的價値。因此我們由這國際的錯誤底循環路徑，幸而再又達到構成我們的出發點之單純的武斷。

註十六　里嘉圖著『金條底高價』("The high price of Bullion")『貨幣在各國應有同樣的價値』四頁。里嘉圖在他的『經濟學原理』上修正了這個命題，但沒有方法矯飾這裏所說的問題。

註十七　前書三至四頁。

里嘉圖不得不照他的抽象的理論底意味來說明現實的事實與現實的事實如何相違，有幾個例證値得指出。例如他說在一八〇〇至八二〇年，英國屢屢發生穀荒的年成間，金輸出不是因爲缺乏穀物及作爲貨幣之金而常爲世界市場上有效的購買手段，而是因爲那時期金底價値比其他商品低落，故穀荒國家底通貨比其他國家底通貨低落。"因爲收獲不好底結果，流通商品底分量減少，於是從前恰在正常準則中之通貨今則過多，一切商品價格因之高漲（註十八）。與這似是而非的說明相反的事實已統計地證明如次：卽是從一七九三年直到現在，每當英國歉收時，通貨底現在量不僅不曾變得過剩，反而變得不够。因此有較多的貨幣流通，而且不得不在那些時期流通（註十九）。

註十八　里嘉圖前書七四至七五頁。『英國因爲歉收底結果，便處於失去其商品底一部份並需要流通媒介底減少的分量之國家地位。從前與本國支付相等的通貨現在必然過剩，而且按照減少的生產比例而變爲相對的低廉。所以這個總額底輸出必使本國通貨底價值回復到他國底通貨底價値。』他對於貨幣與商品底混同，貨幣與鑄貨底混同，與下節中的滑稽相近：『如果我們得假定凶年之後，英國需要穀底異常的輸入，而他國有穀物底剩餘，但不需要任何商品，結果毫無疑義地，這個國家必然輸出本國穀物來交換商品。但是該國輸出穀物不是交換貨幣，因爲貨幣從來不是該國絕對需要的商品，僅是相對需要的商品。』（前書七五頁）普希金認爲他的叙事詩中的主人公的父親不能理解商品是貨幣這回事。然而貨幣卽是商品這回事，俄國人從古就已理解。這個不僅已由一八三八年至一八四二年中英國的穀輸入證明了，並且已由他們的全商業史證明了。

註十九、屠克著（Conf Thomas Tooke）著『價格史』（"History of Price"）及詹姆士威廉著『資本，通貨及銀行』（"Capital, Currency and Banking"）。（後一著作係一八四四年一八四五年及一八四七年載在倫敦經濟叢刊（London Economist）上之論文集裏。）

關於拿破崙的本陸制（Continental Systerm）與英國封鎖令（English Blockade Decree），里嘉圖同樣主張如次：因為英國的貨幣比大陸的貨幣較為低落，所以英國以金替代商品輸出於大陸，所以英國的商品價格較高，使着輸出金是比輸出商品更有利的一種商業投機。照他的意見，英國是一個商品貴而貨幣賤的市場，但在大陸上則是商品賤而貨幣貴。照某英國作家說，事實上，在戰爭底最後六年間，我國製造物及殖民地生產物，因受大陸封鎖底影響，價格遂破壞地低落。例如大陸上以金評價的糖及咖啡底價格，比英國以銀行券評價的糖及咖啡底價格高出四倍或五倍。那時法國化學家正發見了甜菜糖及菊苣裏的咖啡等代用物，英國畜牧家以糖水及糖蜜正在肥胖的牡牛身上作實驗,卽我們佔領喜里耳郭蘭(Heligoland)並在該處組織商品貯藏所以便利商品輸入北歐底時候,是英國輕工業生產物發現了經土耳其到德國底路徑底時候。……幾乎全世界所有的商品都蓄積在英國的堆棧裏,除去法國的特許證——漢堡和阿姆斯特丹底商人曾爲領取這種特許證送給拿破崙四五萬金磅——所蠲免的一小量以外,其餘都停滯在那裏。這些市場一定有些不可思議的商人,支付如許多的金額來取得運送貨船從貴價市場到賤價市場底自由。商人有甚麽明白的選擇權?……或則用銀行劵購買每磅六辨士的咖啡,然後運入得直接照每磅金三先令或四先令出賣底場所,或則用銀行劵購買每一盎斯値價五磅的金,然後運入每一盎斯可獲金三磅十七先令十又二分之一辨士底場所。…… 自然,要說匯付金是勝於匯付咖啡底商業行爲,這是過於不可思議的。……世界上沒有那一國像英國那樣,一盎斯金底交換能够獲得如許多量合意的商品。……波那帕脫(Bornaparte)

經常考察英國物價表，當他看出英國金價貴而咖啡價賤底時候，他就滿意他的"本陸制"施行得有效"(註二十)。

註二十、休謨著『關於穀物條例之信件』,(Letters on the Corn Laws)二九至三一頁倫敦，一八三四年。

正在里嘉圖首先創立他的貨幣論及金條委員會將他體化在國會報告書上底時候，卽一八一〇年，英國一切商品底價格發生比一八〇八及一八〇九年底商品價格更破滅的跌落，而金底價值却因之高漲。只有農產物是例外，因為外國農產物底輸入遇着許多障碍，本國農產物的供給又因收成不好底情形而減少(註二一)。因此里嘉圖完全不克瞭解貴金屬作為國際的支付手段之任務，所以他竟在一八一九年上院的證言上說："與現金支付回復同時，輸出底趨勢必然馬上一律停止。"正在證明他的預言是妄談 那一八二五年危機勃發之際，他就於此時死了。

註二一 屠克著『價格史』一一〇頁，倫敦，一八四八年。

里嘉圖從事著述底時代，正是一般不宜以貴金屬底功能作為世界貨幣來考察底時代。在本陸制底採用以前，貿易平衡幾乎常常利於英國，但在"本陸制"停頓以後，英國與歐洲大陸底商業交通過於微末，不足以影響英國底交換市場。貨幣運送極帶有政治的性質，而里嘉圖似乎全不明白當時補助貨幣在英國貨幣底輸出上所發生的作用。

　　在形成那採用里嘉圖的經濟學諸原理底學派之里嘉圖同時代人當中，彌爾是最主要的一人。他想根據簡單的金屬流通來說明里嘉圖的貨幣論，沒有里嘉圖用來掩飾他的理論底短處之不適當的國際的亂雜，也沒有關於英格蘭銀行底交易之論爭上的顧慮。他的主要的辯論如次：

　　"貨幣底價值，是指貨幣交換其他商品所按的比例，或交換其他貨物底一定分量之貨幣分量。……至於一國貨幣分量底若干部份得交換貨物或商品底若干部份，則依該國現存的貨幣總額而定。假定該國底一切商品是在一方面，一切貨幣是在他一方面，牠們立時彼此交換，這個道理與在現實的場合全然一樣。一國底商品總量不是立時與貨幣總額對立相交換，而是從年頭到年尾，一部份一部份相交換，常常以極小的部份且在種種期間相交換。同一貨幣片今天擔負這一交換，明天又可以擔負別一交換。有些貨幣片得使用於極多的交換，有些使用於極少的交換，而有些竟被儲藏了的則完全不能交換。在這一切差別中，可有交換底一定的平均數，假如一切貨幣片已完成了同等的交換行為數，交換行為，則各貨幣片所完成的交換行為數也必然一樣。這個平均數我們可以隨意假定為任何一個數目，例如說100。如果一國現存的貨幣片各完成十次購買，那麼這正與一切貨幣片是以十相乘而各貨幣片僅行一次購買同。在這裏，一切商品底價值等于一切貨幣底價值底十倍。……假如各貨幣片不是一年行十次交換，而是貨幣底總量十倍，每年僅行一次交換，那麼這個總分量新起的增加，必然使分別交換的各小分量底價值發生相應的減少，這是顯然的。假定貨幣立時交換的一幣底價值不會比在該分量增加以前多。假定該分量增加十分之一，那麼各可除部份底價值，例如一盎斯底價值，必須減少十分之一。……所以其他事物旣然不變，貨幣總量增加或減少若干，全部及各部份底價值就相反地減少或增加若干。這顯然是一個絕對正確的命題。凡在貨幣價值已經高漲或低落時（假定貨幣所交換的商品總量及流通底速度不變），這個變動必然起因於貨幣分量底相應的減少或增加，不能起因於其他事情。如果商品底分量減少，而貨幣底分量依然不變，這便與貨幣底分量已經增加是一樣的事情。"在反對場合，則發生反對的結果。……"同樣的變動發生於流通速度底變動。……這些購買數底各個增加發生與貨幣總量底增加所發生的同一效果，購買數底減少，則發生反對的效果。……假如每年的生產物底一部份是供生產者自身消費，完全不交換，或不交換貨幣；這一部份便不能計算，因爲不曾交換貨幣之生產物，對於貨幣底關係，猶如不曾存在。……凡在貨幣底鑄造自由增減底時候，貨幣總量依貴金屬底價值而定。……實體上金銀都是商品……這些價值與其他一切商品底價值同，是依生產費而定。"（彌爾著"經濟學要義"（Elements of Political Economy 九五至一〇一頁。倫敦一八二一年）

彌爾的全智力融化為一系列無理由的和不可思議的假定。他願意證明商品價格或貨幣價值是依"一國底貨幣總量"而定。假定流通商品底分量和交換價值不變，流通速度及依生產費而定之貴金屬價值也不變，同時又假定金屬貨幣底分量是按照一國現存的貨幣總量底比例而增減；則尚待證明的事項顯然就被假定了。而且彌爾因假定是使用價值流通，而不是有一定的交換價值底商品流通，所以他與休謨陷於同一錯誤，而且這事破毀了他的命題，就令我們同意他所有的"假定"。流通底速度可以不變，貴金屬底價值及流通商品底分量也可以同樣不變，然而商品底交換價值的變動却得需要或大或小的貨幣分量來供商品的流通。彌爾知道一國存在的貨幣底一部份在流通，而他一部份停滯底事實。他借助一個最不可思議的平均計算，假定現實上雖然這平均計算表現爲不同的，但一國內所有的一切貨幣都在流通。假定一千萬 Thalers 一年間流通國內兩次，今若每一 Thalers 僅流通一次，則應有兩千萬這樣的鑄貨流通。因此假如一國所有各種銀幣底總額計爲一萬萬 Thalers，如果每一貨幣片僅在五年間流通一次，則可說整個的一萬萬 Thalers 都應參入流通。同樣我們得假定全世界的一切貨幣都在漢普斯台 (Hempstead) 流通，但每一貨幣非一年通用三次，而是三百萬年通用一次。爲確定商品價格底總額及流通手段底分量間之比例計，這一假定與其他假定是同樣的重要。彌爾覺得使着商品不與現實流通中之貨幣量直接調和，但與一國現存貨幣底總供給直接調和，這是有決定的重要底事情。他承認"不是一國底商品底總量立時交換貨幣底總量"，而是商品底各部份在一年底各時期交換貨幣底各部份。爲除去這種困難計，他假定貨幣不存在。而且商品與貨幣底直接對立及直接交換這整個的觀念，僅是從單純買賣運動或貨幣作爲購買手段之功用所得來的一個抽象。已在作爲支付手段之貨幣底運動中，商品與貨幣同時消滅。

十九世紀底商業危機，卽一八二五年及一八三六年底大危機，未曾促成里嘉圖貨幣論底新發展，而但給予這理論以應用的新機會。這些危機再不是個別的經濟現象，如同休謨所感興味之十六世紀及十七世紀間貴金屬底價值跌落，或里嘉圖所遭逢之十八世紀及十九世紀初期的紙幣價值跌落。這些危機是世界市場底大風雨。在這大風雨中，爆發了資本主義生產過程底一切要素底矛盾，又在這過程底最表面的和抽象的範圍裏，卽貨幣流通底範圍裏，尋到了大風雨的起源和防禦。經濟的氣象學派所出發之理論的前提，結果釀成謂里嘉圖曾發見支配純金屬流通之法則這杜說。唯一爲他們所從事的事情，就是使信用流通或銀行券流通受制於同一法則。

商業危機中最普遍的和最明顯的現象，乃是商品價格底長久的一般的高貴以後之突然的一般的低落。商品價值底一般的低落可以解釋爲與一切商品對立之貨幣底相對價值底高漲，而商品價值底一般的高漲，又可解釋爲貨幣底相對價值底低落。在這兩個解釋裏面，僅僅描寫現象，而未說明現象。或者我們這樣地提出這個問題：卽說明隨一般的物價低落以後之週期的一般的物價高漲，或則這樣地形成同一問題：卽說明與商品對立之貨幣底相對價值底週期的漲落。不同的用語毫未使這問題變更，正如將這問題從德文譯成英文不能使牠變更一般。里嘉圖的貨幣論是極端投合人意的，因爲牠給予同義反覆語以因果關係底外觀。從何時候發生週期的一般的物價低落？發生於貨幣底相對的價值底週期的高漲。從何時候發生週期的一般的物價高漲？發生於貨幣底相對的價值底週期的低落。這就無異說，物價底週期的高漲和低落是發生於物價的週期的高漲和低落。這問題本身是在假定貨幣底內在價值卽依貴金屬底生產費而定之貨幣價值不變這個前題下提出的。如果這個同義反覆不只是一個同義反覆，那麼這是立基於最基本的原則底錯誤概念！。假如依 B 來測定之A底交換價值低落，我們知道這個低落得由A底價值底低落而發生，與由於B底價值底高漲而發生同。同樣，依B來測定之A底交換價值底高漲亦然。一經認定同義反覆是因果關係底轉化，其他事情便容易推出。商品價值底高漲是由貨幣價值底低落而發生，然而貨幣價值底低落，據里嘉圖所指示我們的，是依過剩的流通，即依超過貨幣的內在價值及商品的內在價值所規定的準則之貨幣分量底增加而發生。同樣，商品價格底一般的低落，是因過少的流通底結果，依貨幣價值超過其內在價值之高漲而發生。因此，價格是週期地漲落，因為有週期地過多或過少的流通貨幣。然則可以證明物價底高漲必與減少的通貨相伴，價值底低落必與增加的貨幣相伴，不管因市場上不能用統計證明的商品分量底增減之結果，流通貨幣分量已經雖非絕對地而是相對地增減底事實怎樣。依里嘉圖的意見，已看出甚至純金屬流通也得發生這種一般的漲落，然而這些漲落依牠們的交替作用而彼此平均。例如不足的通貨引起物價底低落，物價底低落釀成商品底對外輸出，商品底輸出再又引起國外的金底輸入，金底輸入又發生物價底高漲。在商品輸入及貨幣輸出底時候，因過剩的流通而發生反對運動。但因不管這些完全符合里嘉圖的金屬流通論之一般的物價漲落怎樣，牠們的劇烈形態，即牠們的危機形態，是屬於信用制度最發展的時代，所以銀行券底發行不是剛好受金屬流通底法則所支配，這是十分明白的。金屬流通以貴金屬底輸出入為牠的救濟手段，貴金屬直接參入流通，並依牠們的流出或流入而促商品價格低落或高漲。在物價上面的同一影響，現在又必依銀行利用金屬流通底法則之人為的模倣而發生。假如金正從國外輸入，這就證明本國通貨不足，貨幣價值太高，商品底價格太低。於是乎銀行券必須按照新輸入的金底比例而參入流通，否則銀行券必須按照從本國輸出之金底比例而退去流通。換句話說，銀行券底發行必須受貴金屬底輸入和輸出或交換率所調節。里嘉圖的錯誤的前題，即金僅是鑄貨，所以一切輸入的金增多通貨，使着物價高漲,而一切輸出的金則減少通貨,使着物價低落。這個理論的前提成了隨時以等於現存金額之通貨總額投入流通之實際的實驗。英國名為"通貨主義"信徒之奧味斯湯公爵（銀行家羅易德 Jones Loyd),道南斯大佐(Colonel torrens),諾曼(Norman),葛來(Clay),阿巴司諾（Arbuthnot)及其他多數作家,不僅宣揚這種主義,並以一八四四年及一八四五年底庇爾銀行(Sir Robert Peel)條例作為英格蘭及蘇格蘭底現行銀行立法底基礎。由於這次最大的國有規模底實驗所得到的理論上及實施上底不體面的失敗,且待我們提到信用制度論時再來論究。(註二二)然而我們深知把貨幣孤立於通貨底流動形態中之里嘉圖的理論,結果乃以資產階級經濟學上所發生的貨幣制度底迷信家所從未夢想到的影響歸因於貴金屬底增減。所以認紙幣為貨幣最完全的形態之里嘉圖,變成金條主義者底預言家,

註二二　在一八五七年底商業危機發生以前幾個月,下院委員會開會審查一八四四年及一八四五年銀行條例底

效果。該條例底理論開創人奧昧斯湯,在他的證言上向委員會誇談如次:『因爲嚴格地迅速地奉行一八四四年條例底諸原則,凡事都照常並容易地過去。金融制度安全確當,國家底興盛毫無疑問,人民信仰一八四四年條例底精確正逐日加強。本會若願意明瞭該條例所根據的原則底正確或該條例所保證的良好效果底更實際的例證,對於本會之確切的充實的答案就是:且看諸君週圍,且看本國現時的商業狀况,且看人民底滿足,且看普及於社會各階級底富足及興盛;這樣考察之後,然後本會得公平地議決,究竟我們可否阻礙已發展這些結果之法令底繼續』。奧昧斯湯竟在一八五七年七月十四日這樣大吹他的牛皮。在同年十一月十二日,內閣不得不辭去他們自己對於一八四四年這奇怪法律所負的責任。

自從休謨的理論或對於貨幣制度之抽象的反對,已發展到牠的最後結局之後,斯圖亞特的具體的貨幣概念遂依圖克而恢復了原有的地位(註二三)。圖克不是從任何理論成功他的原理,而是由自一七九七年至一八六五年之商品價格史底嚴密的分析成功他的原理。在他的一八二三年出版之價格史底第一版上，圖克仍然受着里嘉圖理論底完全影響，而且想以里嘉圖理論與現實的事實歸於一致，然而無效。一八二五年危機後所出版的小册子"關於通貨"(On the Currency)，甚至得目爲後來由奧味斯湯予以法則力之諸見解底最初的堅決的主張。然而關於價格史底繼續的研究，使他釀成如次的結論：物價和通貨分量間底直接關係，據這個理論所述，是一個十足的幻想；在貴金屬底價值不變時所發生之通貨底伸縮，往往是物價漲落底結果，決不是物價漲落底原因。在任何場合中，貨幣底流通僅是第二次運動；在現實的生產過程中，貨幣除具有流通媒介底形態外，更具有極不同的諸形態。他的詳細的研究，屬於單純的金屬流通範圍以外，所以與居同一地位的威爾遜 (Wilson) 和佛拉頓 (Fullarton) 底研究一樣不能在這裏討論出來(註二四)。這些作家沒有那一個持貨幣底偏面的見解，但就貨幣的種種形樣來研究貨幣。然而他們的研究是機械的，未曾想在這種種形樣相互間或這種種形樣與諸經濟的範疇底總體系之間，建立一個有機的連絡。所以他們陷於以非流通媒介之貨幣與資本混同，甚至或與商品混同底錯誤，雖然在他方面他們又不得不區別這兩者與貨幣（註二五）。例如金輸出外國時，在實際上是指資本送去外國；但在輸出鐵，棉花，穀或任何其他商品時，也發生同樣的事。兩者都是資本，但不區別爲資本，而區別爲貨幣及商品，所以金的國際的交換媒介底功能，不發生於牠的資本形態，但發生於牠的貨幣底特殊功能。同樣，金或代金之銀行券，在國內商業上通用爲支付手段，同時構成資本。然而牠們不能被商品形態中之資本，例如危機所極其明白地指示的，替代出來。這就是說，使金成爲支付手段的，乃是金與商品底差異在於牠的貨幣底功能，不在於牠的資本底功能這事實。就令資本直接作爲資本輸出時，例如爲達利貸一定價值額於外國底目的而輸出時，究竟資本是以商品形態輸出，抑是以金底形態輸出，這就要依市場情況而定。如果以後一形態輸出，這就由於與商品對立之貴金屬作爲貨幣之特殊規定性。總之，這些作家不是從貨幣的抽象形態來考察貨幣，不認牠是發展於單純的商品流通範圍內部，並自然地發生於流通商品底關係中。結果，在區別商品與貨幣之抽象的貨幣形態及潛伏着資本，收入等這類具體的關係之其他貨幣形態間，他們一向游移不定（註二五）。

註二三　圖克完全不懂得斯圖亞特的著作；這個可以在他的『關於一八三九年至一八四七年之物價史』(History of price for 1839-1847)上看得出，倫敦，一八四八年。他在該書上評論諸貨幣學說史。

註二四　圖克的最重要的著作，除去與他的合著者紐馬克（Neumarch）分六卷出版的價格史以外，是『關於通貨原理，通貨與物價底關係之研究』("An Anquiry into the currency Principle, the connection of the Curreney with Price")第二版，倫敦，一八四四年。威爾遜的書我們已經引用過。最後值得舉出的僅有佛拉頓的『關於通貨底調節』("On the Regulation of Currencies")第二版，倫敦，一八四五年。

註二五　『我們應區分作爲商品或資本之金與作爲流

通手段之金』（圖克著『關於通貨原理底研究……』十頁）『金和銀得期待未實現所必要供給底將近正確的總額底目的。……從普遍通用為貨幣底情形看來，金和銀有勝過一切別類商品之無限的利益。無論國內國外，平常訂立契約之債務，都不是以茶，咖啡，糖或鹽來支付，而是以鑄貨支付。所以匯兌無論是用指定的同樣鑄貨，抑是用得由匯到國底造幣局或市場直接變為鑄貨之金條，須常給予匯兌人以達到此目的之最確實的直接的並正確的手段，以免因需要底減少或價格底變動而發生之失望底危險』。（佛拉頓前書一三二至一三三頁）。『任何商品（金銀除外）在分量或種類上都得超過匯到國底普通的需要』。（圖克著『關於通貨原理底研究』）。

註二六 由貨幣到資本之轉化，將在論究資本並形成第一篇底終結之第三章裏研究。

經濟學批判緒言

一. 生產一般 註一

我們的討論底主題首先是依社會決定的各個人底物質的生產,自然地構成本文底起點。形成斯密司和里嘉圖的論題底起點之個別的孤立的獵人或漁夫,是屬於十八世紀底無味的幻想。牠們都是魯濱孫用語。決不如文化史學家所想,是表現反對過度文明之一種反動,及求達誤解的自然生活之一種復歸。這些幻想與廬騷的"民約"——使自然獨立的各個人發生關係並有依據契約之相互交接——同樣立基於自然主義。牠們都是虛構,而且僅是大小魯濱孫用語底美觀的虛構。總之,這些幻想是自從十六世紀以來就在發展途中,至十八世紀,已成功朝向成熟之強盛趨勢之"資產階級社會"底豫想。在行自由競爭底這種社會裏,個人現得脫離了以前的歷史時代中使他成爲一定的有限的人羣底一份子之自然的紐帶等,就斯密司和里嘉圖仍然皈依着的十八世紀預言家看來,這個十八世紀的個人,卽封建的社會形態底崩壞及十六世紀以來發展了的新生產力之共同產物,表現爲屬於過去之一理想物:不表現爲歷史的結果,但表現爲歷史的起點。

註一　這篇緒言最初由考茨基發表在一九〇三年三月七日十四日及二十一日底 Neue Zelt 上(參看譯者序言第五頁),附有以下的說明:

『這篇論文發現在馬克斯底遺著中。這是馬克思斯寫來作他的大著——這個大著他已繼續寫了多年,並且牠的提網已形成在他的腦中——底緒言之一篇未完成的文稿。原稿載明一八五七年八月二十三日。因為本文的觀念常常僅表現在一些零斷的文句裏，我便隨自己的意思在體裁及用字等方面到處引進了些改變。……僅照原稿底翻印必然使牠成為不可索解的。……原稿上的每一個字不是都靠得住的。……

『凡是毫無疑義有改正底必要底地方，我便沒有在書上附帶聲明就改正了，其他各處我都將補充的字寫在括弧裏。凡是我不能確信我所解釋的字是否正確底地方，我在那字後面記上了一個疑問符問，其他變更都特別地註明了。至於所有其他各處，是原稿底正確的翻印。原稿底未完成的和不完全的段節，使我們對於隨着馬克斯淹沒在墳墓裏的思想底許多寶物，卽是假如馬克斯不曾熱切地以他的一切理想公之於世，以至從絕對可信的觀點來反覆試驗牠們，並以無可與對的用語給予後代，便永久懂不得的寶物，徒感無窮苦痛。不管牠的零斷的體格怎樣，牠是我們面前一件新觀點底財產。

旣然個人現得與自然相合，又與他們人的性底槪念〔適應〕，〔他便視爲〕不是歷史底產物，而是自然底產物。這個幻想是過去的每一新時代底特徵。如貴族般堅持歷史的立場而反對十八世紀底精神之斯圖亞特，逃免了這種苟且的幻想。我們越追溯歷史，個人以及生產的個人便越像是依靠大的全體，並成為大的全體底一份子。首先很自然地，這是家族及不過是擴大的家族之氏族，以後是由氏族底崩壞與合併而發生有種種形態之共產團體。僅在十八世紀底'資產階級社會'裏，社會結合底種種形態，與作為達他的私人目的之唯一手段之個人對立，成為一個外的要素。但是孤立的個人底這種見解盛行底時代，也就是社會（從這個立場說，是一般的）底相互關係達到發展底最高階段底時代。人類在政治的動物（Zoon Politikon）這一個名詞底最正確的意義上，不僅是社會的動物，而且是僅在社會中能發展為個人之動物。依社會以外底孤立的個人──即對於偶然陷於野蠻境地並且自動地處於種種社會力中之文明人，可以算是例外──而行的生產，是與不曾共同生活並互相通話的個人之語言底發展底見解一樣極不可思議。我們不必再討論這一點。若不是含有十八世紀底人們的解釋及意味之幻想,已被巴替亞特(Bastiat),揆立(Carey),蒲魯東諸人用全副熱忱移植在國民經濟學領域裏,我們便完全不必涉論這一點。蒲魯東諸人,因爲不懂得一定的經濟現象底歷史的起源,便自然覺得給予這種現象以近於神話的準歷史哲學的說明,是非常高興的事。亞丹斯密司或普洛米塞斯(Prometheus)投合這個立卽可用的計劃,因此這計劃遂採用了云云。什麼也不會比這個夢想的隨處通用的論證(Locus Communis)是更乾燥無味的。

所以凡在我們說到生產時,我們的腦子裏常常有在社會發展底一定階段中的生產,或由社會的個人而行的生產。因此要說及一切生產,似乎我們必須從發展的階段追溯發展底歷史過程,或是首先聲明我們是論究一定的歷史時代,例如資本主義的生產,事實上資本主義的生產構成本文底正題。然而一切生產階段通共有一定的特徵,卽有共通的目的。生產一般是一個抽象,然而這種生產是一個合理的抽象,以牠脫出並固定共同的特質得免我們反覆爲限。然而由比較而發見的這些一般的或共同的特質，構成有種種形式規定底份子之極複雜的束西。有些份子屬於一切時代，其他份子則是少數時代共通的。有些份子對最近的時代與對最古的時代是一樣共通的。沒有這些份子沒有生產可言。然而因爲甚至最發展的語言與最不發展的語言都有共通的法則及條件，那麼牠們的發展底特徵，便是起於一般及共通之出發點。必須區別一般支配生產之諸條件，方不致迷心由主體即人和客體即自然常是同一的這事實而發生之一般的統一而忘却本質的差異點。不克記住這一事實，這是想去證實現存的社會關係底永遠性和調和之近代經濟學者底一切智慧底本源。例如他們說，沒有某項生產工具，即令這個工具僅是手，什麼生產都不可能；沒有過去蓄積的勞動，即令這種勞動是由反覆作用而積聚並集中在野蠻人手裏的單純熟練，什麼生產也都不可能。就中資本也是一種生產工具，也是過去人格化的勞動。所以資本是一般的永久的自產現象，假如我們忽視那變"生產工具"及"儲藏勞動"爲"資本"之特殊性，這是眞的。生產底全部歷史，例如像樸立一樣的人看來，認爲是政府方面之惡意的曲解。

假如沒有生產一般，也就沒有一般的生產。生產常常是特殊的生產部門或一總體，例如農業，畜牧，工業等。然而經濟學不是工藝學。在社會發展底一定階段中之生產底一般的規定與特殊的生產形態間底關係，將在他處（以後）說明。

最後，生產不但是特殊的，牠常常是一特定的社會體，即參與諸生產部門底或大或小的總體之一社會的主體。現實的過程與其科學的敍述間底關係，也落於這個論題底範圍以外。〔因此我們必須區別〕生產一般，社會的生產部門及生產底總體。

從名爲"生產論"（例如彌爾）並論究一般的"生產條件"之總論來開始經濟學的著作，這是經濟學者的習尙。

這個總論的部份是論究或假定去論究：

一．非有牠生產便不可能之諸條件，即最主要的生產條件。然而事實上如我們以後所述，這個還元爲流於淺薄的同義反覆之少數極簡單的定義。

二．促進多少生產之諸條件，例如亞丹斯密司的關於進步的及靜止的社會狀況〔之討論〕。

爲欲給予斯密司所視爲惟一總結以科學的價值，必須研究各國民底發展中之各時代的生產力底程度。這樣一種研究，落於本題的範圍以外，因爲在這裏所要提及的研究是以與競爭，蓄積等等相關連的爲限。對於這州問題底公認的見解畢竟給予一個一般的解答 即是當產業國家面面達到牠的歷史的頂點時，牠遂達到牠的生產底頂點。或者某些民族，氣候，以及近海洋底地位，土地底肥沃等自然的現象比較其他現象更對於生產有利。這個再又釀成這種同義反覆，即是創造財富底難易依牠的要素主觀地和客觀地表現所達的程度而定。事實上在國民的主要目的尚未獲得而但在獲得底行程中，國家已居於產業的頂點。關於這點，楊杞斯(Yankees)勝過英國人。

然而所有這一切不是經濟學者在總論後面所現實地研求的。他們的目的寧指述生產與分配相對(參看彌爾)，這個受制於與歷史獨立之永久的自然法則，然後又以卑劣的方法妄指資產階級的關係為抽象的社會底不滅的自然法則。此即全過程底多少有意識的目的。反之當論分配時，又認定人類已耽溺於各種任意的行動。與他們極力打破那結合生產和分配之紐帶底事實完全無關，一開始就必明白如次的事實：即是，不管社會各階段中底分配制度差異得怎樣大，於今在生產場合中，必能發見共通的形態並混和融會一切歷史的差異以形成一般的人類法則。例如奴隸，農奴，工資勞動者，都取得能夠維持奴隸，農奴，工資勞動者的生存之某量食物。而靠貢物生活的征服者，靠租稅生活的官吏，靠地租生活的地主，靠施物生活的修道僧，以及靠什一稅生活的僧侶，都領受社會的生產物底〔一部份〕，這一部份是依與決定奴隸等所領受的那一部份之法則不同的法則而定。所有經濟學者安放在這個題目下面的兩主要點是：一，財產，二，司法警察等對於財產底保護。對於這兩點底異議得很簡單地敍述出來。

一．一切生產是依在一定的社會形態內部並依持這社會形態之個人而行的自然底佔有。照這個意思，不需說財產(佔有)是生產條件之一同義反覆。但是一到從這一形態忽然躍入一特定的財產形態即私有財產(此外,私有財產包有一反對形態底存在,即無財產之先決條件)這便成了可笑的事。歷史寧指共有財產(例如在印度人,斯拉夫人及古代的Celts人當中)是原始的形態,這種形態在很晚的時代尚担負重要的作用,成為共產團體底財產。關於在那一財產形態底下何種財富發生較快底問題,這裏也全沒有提到。然說任何形態的財產都不存在的地方,便不能有生產這樣一種東西,並且也不能有社會,這是一個同義反覆。不曾佔有之佔有是一個自相抵觸的矛盾(Contradictio in Subjects)。

二．財產底保護等。歸到牠們的實在的意義,這些陳腐的說話不只解釋牠們的說教師所知道的事。即是,生產底各形態創造牠自身的合法關係,政府形態等等。這個概念底淺薄和缺限,在於僅注意構成有機的連絡之偶然的相互關係底這種傾向。資產階級經濟學者都有一個含糊的觀念，即謂在近代警察底下從事生產事業比在棍棒政治（Club law）底下從事生產事業好些。他們忘記了棍棒政治也是政治，忘記了強者底權利甚至在"法治國"之下，繼續存在於其他形態中。

當適應一定的生產階段之社會狀態，是在成立或絕滅底情形時，生產底攪擾自然地發生，雖然有程度與效果底不同。

總之，一切生產階段都有一定的共通規定，這些規定我們都括概在思考裏。但是所謂一切生產底一般的條件無非是些抽象的概念，這些概念不能理解生產歷史底現實的階段。

二. 生產對於分配交換消費之一般的關係

在進行生產底詳細分析以前，必須考察一般經濟學者所與生產相提併論之種種節目一下。最淺薄的概念如次：有了生產，社會各成員便利用（生產並形成）自然底生產物以滿足人類的需要。分配是決定該生產中個人的享有底比例。交換給予個人以他欲將從分配所得到的分量來轉換之特殊生產物。最後經過消費，生產物都變成使用和享樂底對象物，卽供個人享用底對象物。生產產出適合吾人需要之貨物，分配是按照社會的法則分配貨物，交換是換照個人的需要而再分配已經分配了的貨物，最後在消費中，生產物脫離社會的運動而變成個人的需要底直接對象物。生產物的使用滿足個人的需要。由此，生產是起點，消費是終點，分配和交換是中點，中點有兩重：分配是指依社會而行的過程，而交換則是從個人出發的過程。在生產中，人體化於物，在〔消費〕（註二）中，物體化於人，在分配中，社會在一般的佔勢的規定底形態中担當生產和消費間底媒介，在交換中，這個媒介是依個人底偶然的規定而完成。

註二　原文爲『人』("Person")

分配是決定個人所要獲得的生產物底比例

(分量)，交換是決定個人所欲由而分配分與他的部份之生產物。

生產，分配，交換和消費因此形成一個完全的連系：生產指一般，分配和交換指特殊，消費指聯絡全體之個體。的確這是一個連系，然而不很深刻。〔照一般經濟學者的意見〕，生產是依一般的自然法則而定，而分配是依社會的偶然而定。所以分配對於生產能够有多少刺激的影響，交換橫在這兩者間成爲一形式的(？)社會的運動、而終局行爲的消費——不僅被視爲最終目標且被視爲終局目的——，除去在對於出發點有反作用並促進全過程從開新始底場合，原本落於經濟學底模範以外。

由野蠻地分離有機的總體（Who'e）來非難經濟學者之反對派——不問他們自己是不是經濟學者，或則與他們立在同一基礎上，或則在他們下面。再沒有比經濟學者認定生產爲--自身目的而過於除棄其他一切這種罪狀更常有的罪狀。這罪狀本身是根據這個經濟的概念：即分配與生產同時存在而成爲--自足的獨立的領域。或則〔非難經濟學者〕不曾把各因素連結成一整體來研究各因素。猶如是敎科書以這個有機的連絡的分隔侵入現實生活，而不是現實生活侵入敎科書；然而這裏的問題是諸概念底辨證法的平衡，不是現實的條件底分析。

A. 生產同時也是消費

兩重消費：主觀的及客觀的。在生產行爲中發展他的能力底個人，同時也在生產行爲中用去他的能力消耗他的能力，正與生殖在生殖行爲中是生命力底一種消費同。其次，生產是生產工具底消費，生產工具被使用消耗，並一部份(例如在燃料場合)代爲牠們的自然的原素。原料底消費亦然，原料大部份在生產行程中被吞滅之後，不能保持牠們的自然的形態及性質。所以生產行爲在牠的一切形態中也就是消費行爲。然而這是一般經濟學者所公認的。直接與消費同一之生產或直接與生產同一之消費，他們名爲生產的消費。生產與消費底這種同一，在斯賓挪莎的"肯定卽否定"Determinatio est negatio) 底命題裏可以找出牠的說明。但是生產的消費底這個定義是專依區分與生產同一之消費及本來的消費——這個被確定為生產的破壞的對立物——而定立的。現在我們且考察本來的消費。

消費也直接是生產，正與在自然中之原素及化學的物質底消費構成植物底生產同。例如在生育——這僅是消費底一形態——中，人類生產他自己的身體，這是明白的，然而以各項方法生產人類之其他種種消費都同樣為然。〔這是〕消費的生產。但是經濟學者說，與消費同一之這種生產，是從第一次的生產物底破壞而發生的第二次生產。在第一次生產中，生產者轉化為物，在第二次生產中，物轉化為人。因此，這種消費的生產——雖然構成生產和消費底直接的統一——在本質上與本生產不同。生產符合消費以及消費符合生產之直來的接的統一，不曾干涉牠們的直接的二元性。

由此，生產同時是消費，消費也同時是生產。各是牠自身的反對物。但是同時有一媒介運動發生於這兩者之間。生產由替消費創造材料而促進消費，否則消費便缺乏牠的對象物。但是消費又由供給生產物底主體以生產物而促進生產。生產物在消費中達到牠的最後的完成。無車行駛底鐵路，結果不會消耗，不會消費，僅是一條有可能性的鐵路，而不是一條現實的鐵路。沒有生產便沒有消費，但在他一方面，沒有消費也沒有生產，因為生產可以是無目的的。消費是依兩種方法而產生生產。

第一，生產物最先變成消費中之現實的生產物，例如衣服成為現實的衣服，只是因為被人裝着底行為；住宅無人寄寓，便不是現實的住宅。因此，與純自然物差異之生產物，證明牠是首先變成消費中的生產物。消費由消滅生產物而給予生產物以終局的完成，因為生產物是生產底〔結果〕，不但成為活動底物化，而且成為活動主體的唯一對象物。

第二，消費由創造新生產所需的要素，即供給構成生產底先決條件之想像的內部的推進的動因而產生生產。消費創造生產底動機，並創造生產中起決定目的底作用之對象。這是明白的：生產供給消費底物質的對象，消費則供給生產底想像的對象，而成為生產的意想，生產的慾望，生產的衝動及生產的目的。消費本牠的主觀的形態來供給生產底對象物。沒有需要便沒有生產。但是消費再生產需要。

生產再又

一，以牠的材料，即牠的對象物來供給消費。對無象的消費不是消費，因之生產活動由生產消費而朝着這方向進行。

二，然而生產所供給消費的不僅是對象物，更以牠的定形，牠的特質，牠的完成給予消費。正與消費以作為生產物之終局的完成給予生產物同，生產也予消費以終局的完成。因為對象物不但是一般的對象物，而且是照生產自身所規定的某一定方法來消費之特殊的對象物。餓漢都是餓漢：可是用刀釵食着熟肉來滿足的餓漢，與以手，爪，齒來吞食生肉的餓漢不同。不僅消費底對象是生產所生產的，而且消費底方法也是生產所生產的；這就是說，消費不但在客觀上並且在主觀上是依生產而創造的。因此，生產創造消費者。

三，生產非但以材料供給需要，且又以需要供給材料。當消費脫去牠的自然的粗率和簡陋底最初狀態時——停帶在這種狀態中的消費必定是依然留存在自然的粗率狀態中之生產底結果。——牠自身便由牠的作為原動力之對象促進了。由消費所體驗的對於生產物底慾望依生產物底享用而創造了。藝術對象與任何其他生產物同，創造出審美的愛美的大衆。所以生產不祇替主體生產對象物，更替對象物創造主體。

生產於是（一）由創造消費材料，（二）由決定消費方法，（三）由創造消費者對於作為消費對象之生產物底慾望，而生產消費。生產因之生產消費底對象、消費底方法及消費底衝動。同樣，消費也由給予（？）生產者以目的並刺激慾望而〔創造〕生產者底嗜好（Disposition）。消費與生產底同一性，因此表現為三重的。

第一，直接的同一：生產是消費，消費是生產。

即消費的生產。生產的消費。經濟學者稱這兩者都是生產的消費，但有一個區別，即稱前者爲再生產，後者爲生產的消費。關於前者之一切問題是論究生產的及不生產的勞動，關於後者之一切問題是論究生產的及不生產的消費。

第二，兩者各表現爲對方底手段，並依對方而發生；這個是表現爲兩者的相互的依存關係，即表現牠們爲互相關連的及不可缺的一種關係，然而彼此分離。

生產創造作爲消費底外部對象之材料，消費創造作爲內部對象之欲望，即生產目的。沒有生產便沒有消費，沒有消費便沒有生產，這個命題從許多形態表現(？)於經濟學中。

第三，生產不但是直接的消費，消費也不但是直接的生產；而且生產不僅是消費底手段，消費也不僅是生產底目的。換句話說，不僅兩者各以對方的對象來供給對方，即生產供給消費底物質的對象，消費供給生產底想像的對象。反之，兩者底各個不僅直接是對方，不(？)僅是供給對方底手段，而且爲着完全牠自身，所以也把對方當作牠自身來創造(?)。消費完成生產行爲,是由給予那種生產物以最後的成途，由分解生產物並消耗其獨立的物質形態。生產欲望發展於最初的生產行爲中，是依反復底必要,依熟練底程度。換句話說,這不僅是生產物變成生產物所經過的終局行爲，而且是生產者變成生產者所經過的〔終局行爲〕。在他一方面，生產由決定消費方法並創造消費動機即具有欲望形態之消費能力,而生產消費。第二項下所述的這個最後的同一性，已在經濟學中連同需要供給關係，對象欲望關係及自然的欲望與依社會創造的欲望底關係大加說明了。

所以對於一個黑格耳信徒，認定生產和消費同一,這是極簡單的事情。而且不僅是空想的社會主義作家曾如此認定，甚至經濟學者例如舍易也是如此認定。舍易說,如果我們認定一個國家是一個定體或抽象的人類，這一國的生產同時就是這一國的消費。斯托茲(Storch)指出舍易的錯誤,承認國家不完全消費該國的生產物，並且創造生產工具,固定資本等等這事實。至於把社會看做唯一的主體,更是思辯底錯誤的樣式。對於一個主體,生產和消費表現為一個行為底相異的兩方面。這裏所要重視的要點乃是這個: 如果認定生產和消費是一個主體或各個個人底活動,無論如何,生產和消費是表現為一過程——在這過程中生產形成實在的起點,因此是佔勢的要素——底兩方面。作為自然的必要即作為欲望之消費,構成生產活動底內在的要素,但後者是實現化底起點,因此是牠的佔勢的要素,即全過程最後再開始底行為。個人生產一定的貨物,並由消費這貨物再復歸於自身;然而他復歸為生產的及自我再生產的個人。消費因此表現為生產底要素。

然而在社會上,生產者對於他的生產物底關係,剛在生產物完成時,是一個外部的關係,而且生產物復歸於主體是依存該主體對於其他個人底關係。他不行生產物底直接的佔有。當他在社會中生產時,也非生產物底直接的享用構成他的目的。分配參入生產者和生產物之間,這個分配依社會的法則決定他在生產物界中所佔的部份,這就是說,分配參入生產和消費之間。

分配是與生產並立且在生產之外而構成一獨立的領域麼?

B. 生產及分配

在考察普通的經濟學時,我們不得不注意普通的經濟學中一切都論究兩次這事實。例如在分配論中表現出地租,工資,利息及利潤,而在生產論中表現出作爲生產要素之土地,勞動,及資本、關於資本,立即明白是論究了兩次:即第一作爲生產要素,第二作爲收入底來源,作爲分配底決定的要素及一定的形態之利息及利潤,也在生產中表現爲決定的要素及一定的形態,因爲利息及利潤是資本底增加與增殖的形態,所以也是資本自身的生產底要素。作爲分配形態之利息及利潤包含作爲生產要素之資本底存在。利息及利潤是分配底形態,有作爲生產要素之資本爲牠們的前提。同樣也是資本底再生產形態。

同樣,工資在另一題目之下考察時,是工資勞動；勞動所有的規定性，此處表現爲生產要素，他處表現爲分配形態。例如在奴隸制度之下，勞動若不固定爲工資勞動，則勞動參與分配之方法必然不表現爲工資。最後地租，卽同樣最發展的分配形態——土地所有權利用地租獲得牠的生產物底分配部份——包括作爲生產要素之大土地所有權底存在（恰切地說，卽大規模的農業），而不與工資僅表現勞動同，僅包括土地底存在。所以分配關係及分配方法僅表現爲生產要素底反面。參入生產爲工資勞動者之個人，在工資形態中取得他的生產物底分派部份，卽生產底結果底分派部份。分配自身是生產底生產物，不但因爲僅有生產底結果能够分配；所以僅包括物質的貨物，而且因爲參入生產之一定的方法決定分配底特殊的形態，也包括牠的形態，以土地歸於生產論，以地租歸於分配論等等，這是一個十足的幻想。

最被人斥爲專注意於生產之里嘉圖等經濟學家，確定分配爲經濟學底唯一題材，因爲他們本能地認定分配形態是一已知社會中表現諸生產要素之最明顯的形態。

對於單獨的個人，分配自然表現為決定他正在生產的生產範圍裏底地位並促進生產之一社會的法則。最先，個人沒有資本，沒有土地所有權。他從出世就被社會的分配過程作為工資勞動者。然被作為工資勞動者底這種情形，是作為獨立的生產要素之資本和土地所有權底存在底結果。

從整個的社會底觀點看來，分配似乎是依所謂前經濟的事實（Pre-economic fact）那樣的別一方法來促進生產並決定生產，征服民族就征服者分配土地，因此成立土地所有權底一定的分配和形態，並決定生產底性質。或則征服民族變被征服民族為奴隸，並以奴隸勞動作生產基礎。或則由於革命，某一民族分裂大土地所有權為許多小土地所有權，並由於這種新的分配給予生產以新的特質。或則法律繼延大家族中的土地所有權，或分配作為世襲的特權之勞動，並由此固定勞動在各階級（Castls）中。

在這些歷史的事例中，似乎不是生產來組織

並決定分配，毋寧反之，是分配來組織並決定生產。

在最淺薄的分配概念中，分配表現爲生產物底分配，而且到達表現爲與生產遙離並與生產近於對立之程度。但在分配是指生產物底分配以前，第一牠是生產工具底分配，第二牠在實際上是同一事實底別一用語，即是各種生產中之社會成員底分配（個人服從一定的生產條件）。生產物底分配顯然是結合生產過程並決定生產組織之這種分配底結果。將生產與生產裏包有的分配分開來考察，顯然是一個無益的抽象。反之，我們知道生產物底分配底特質這時候，我們就已知本來形成生產底一要素之其他分配底性質。里嘉圖認定生產是近代社會的組織，是最優生產經濟學者，正爲這個原故，他聲明近代經濟學底正題不是生產而是分配。這裏我們還有把生產看做永久的眞理，且把歷史驅逐到分配底領域之經濟學者底笨拙底另一例證。

對於生產自身有決定的影響之這種分配與生

產有甚麼關係，顯然是屬於生產範圍底問題，假如認爲生產至少是依持生產工具底一定的分配，而含有這種意味的分配，是先行生產並構成牠的先決條件，則事實上生產有牠的形成生產要素之先決條件這事情可以解答出來。這些要素最先得表現有自然的起源。利用生產過程自身，牠們由自然的變爲歷史的，所以假如牠們在某一時期表現爲生產底自然的前提，在其他時代便表現爲生產底歷史的結果。在生產本身範圍裏，牠們正發生不斷的變更。例如機器底使用不獨變更生產物底分配，且又變更生產工具底分配。近代大規模的土地所有權是近代商業及近代工業底結果，與近代工業應用於農業之結果同。

一切這些問題一言以蔽之如次：卽一般的歷史條件如何影響生產並在全歷史行程中起甚麼作用？這個問題顯然只能與生產底討論和分析合併。

然而在上述的這些問題底淺薄形態中，牠們得同樣簡約地答覆出來。在一切征服底事例中橫着三條路徑。征服民族得將他們自己的生產方法加諸被征服者（例如十九世紀中在愛爾蘭的英國人及在印度一部份的英國人）；或則征服民族因有貢稅來滿足他們，得容許一切舊生產方法繼續存在(例如土耳其人和羅馬人)；或則這兩種制度因相互影響得發生新的生產方法,即一種合成(這種合成部份地發生於日耳曼民族底征服)。在這一切征服的事例中，生產方法——不管是征服民族底生產方法,或被征服者底生產方法,抑是兩者底混合所發生的生產方法——決定開始發生作用之新**分配**底性質。雖然新**分配**現在表現爲新生產時代底先決條件,然而牠自身僅是生產底生產物,不是屬於一般的歷史之生產底生產物，而是屬於一定的歷史之生產底生產物。例如被蹂躪在俄國之蒙古人,是照他們的生產制度而生產。對於這種生產制度,廣漠無人居住的地帶裏之充足牧場是主要的先決條件。自從馬羅諸省已發展的土地所有權底集中完全廢除了舊的農業制度以來，日耳曼野蠻人——利用農奴來生產底農業是他們的傳統的生產制度,而且他們習於鄉村的孤立生活——得比從前容易在羅馬諸省採用同樣的條件。在某些時代中，搶劫構成生存底唯一源泉，這是一種盛行的傳說。但要有搶劫底可能，必須有些東西好搶劫，例如必須有生產（註三）。而且就是搶劫底方法也依生產方法而定。例如搶劫一個有股份買賣的民族（Stockjobbing notion,）不能用搶劫一個畜牧的民族之同樣方法。

註三　以此與紐約 Humboldt 版資本論三四頁註一比較。

『實在滑稽的是巴思特（M. Bastiat），他想像古代的希臘人和羅馬人單靠搶劫生活。但是既然幾世紀來人類都是搶劫，那麼一定當時有些東西供他們掠奪，搶劫底東西必然不斷地再生產』（考茨基）。

就奴隸說，生產工具直接被搶劫了。然而當時以劫掠奴隸為務之國家底生產必須組織得容許奴隸勞動，或則（如在南美洲等處），採用的生產制度必須適合奴隸制度。

法律可以綿延生產工具，假如大土地所有權與社會上盛行的生產制度相調和，例如在英國底場合,這些法律確有經濟的意義。在法國,不管大土地所有權怎樣,已實行小規模的農業,大土地所有權已爲革命所破壞。然而法律如何可以緜延士地底細分(minute subdivision)呢?不管這些法律怎樣,土地所有權正再在集中。法律在分配制度底維持上的影響和其在生產上的終面的影響,待在他處另爲論定。

C.交換及流通

流通僅是交換底一定形態,或者得確定爲視作一總體之交換。因爲交換一方面是生產和其附屬物卽分配間底媒介的要素,他方面是生產和消費間底媒介的要素,又因爲消費僅表現爲生產底要素,所以交換也顯然是生產底一要素。

第一,這是明白的:在生產範圍裏所行之活動底及能力底交換,直接落入生產內部,並構成生產的本質的成分。第二,生產物底交換亦然,假爲這交換是完成供直接消費之一定生產物之手段。因此交換構成包含於生產中之一種行爲。第三,所謂生產者(dealers)相互間的交換(註四),因爲牠的組織之故，是依生產而定，並且交換自身是一種生產的活動。僅當生產物是直接爲消費而交換之最後階段，交換方落於生產之外，並與生產無關。然而第一，沒有分工——不管是自然的或歷史的發展底結果——，便沒有交換；第二，私有交換包括私有生產底存在；第三，交換底強度以及交換的範圍和方法均依生產底發展及組織底程度而定，例如城市與鄉村間的交換，城市的交換，鄉村中的交換等等，因此，交換在牠的一切樣式中，現得是直接包含在生產裏，並依生產而定。

我們達到的結果，不是說生產，分配，交換及消費都是同一的，而是說牠們是一個總體底一切成員，即一單元底各方面。生產不獨在這名詞底相反的意義上支配生產自身，並且一樣支配其他要素。有了生產，這一過程遂不斷地重新開始。所云交換和消費不能成爲佔勢的要素，這是不言自明的。狹義的生產物底分配亦然。但在生產要素底分配底意義上，分配本身僅是生產底一要素。由此，生產底一定的〔形態〕決定消費，分配，交換〔底諸形態），及各成員間的相互關係。自然，生產在牠的一方面的形態中再又受其他要素所影響。例如因市場擴底張，即交換範圍底擴張，生產範圍擴大，並進一層地區分。

生產隨着分配底變化而發生變化，例如在資本集中底場合，城市和鄉村中人口底分配底變化等等。最後，消費底要求也影響生產。在各成員間生一種交互作用。每個有機的全體盡部如此。

三. 經濟學底方法

我們若以經濟學的立場來考察某一國家，先從牠的人口開始，然後按照人口的階級分化，城市鄉村及沿海底地位，各生產部門底操作來分析人口，末了我們研究這一國的輸出和輸入，按年的生產和消費，商品價格等等。從現實情形底實在的及具體的方面開始，例如在經濟學上，從全社會底生產活動底基礎和主體之人口開始，這似乎是正確的路線。可是仔細考察起來，這的確是錯誤的。例如我們撇開了構成人口之各階級，人口成了一個抽象。除非我們曉得各階級所根據的要素是些甚麼，例如工資，勞動，資本等，不則這些階級又不過是一句空話。這些要素再包括交換，分工，價格等。例如沒有工資勞動，價值，貨幣，價格等，資本便全無所指。因此，我們若從人口開始，我們是以混雜的全體概念開始，仔細分析起來，我們會漸漸達到一些次第單純的概念。所以我們必然從想像的具體進到逐漸不完的抽象，直到最單純的概念。這個概念一經達到，我們得進行我們的回路，直到最後必然回到人口為止，然而這時候，不是混雜的全體概念，而是有許多規定和關係底豐富的總體。前一方法是經濟學在其開端底歷史上已經採用過的方法。例如十七世紀底經濟學者常常從有生的全體即人口，民族，國家，幾個國家等開始，但是結果他們常依分析達到某些佔勢的及抽象的一般的關係，例為分工，貨幣，價值等。剛在這些分隔的要素已由抽象的理解而多少建立了這時候，便發生經濟學底體系，這些體系從勞動，分工，需要，交換價值這些單純的概念開始，而以國家，國際交換，世界市場終結。後一方法顯然是十足錯誤的方法。具體物所以是具體的，因為牠是有各種規定之許多對象底總合，即種種要素底統一。雖然具體物是現實的起點，而且是觀察和概念底起點，但在我們的思惟中，牠現得是總括底過程，現得是一個結果。由前一方法，完全的概念變成抽象的定義，由後一方法，抽象的定義變成理解中的具體物底再生產。所以黑格耳犯了將實體理解為自我綜合的，自我專注的，自我運用的思惟底結果這錯誤，而從抽象上昇為具體之方法，僅是一種思惟術(A Way of thinhing)，由此具體物把握在我們的腦裏，並再生產為一具體物。然而這決不是親自發生具體物之過程。最單純的經濟範疇，例如交換價值，含有人口底存在，即參加某些條件底下的生產之人口底存在，並包含一定樣式的家族，氏族或國家等底存在。交換價值除去有一已知具體和生存總體底抽象的偏面的關係之外，不能有其他存在。

然而作為一個範疇之交換價值，有洪水以前

的存在。而且因為我們的哲學的意識是這樣規定的,即認定人是現實的人,世界是現實的世界,所以這意識遂將範疇底運動誤解為發生世界之現實的生產行為(這種生產不幸地(?)僅從外界獲得牠的刺激)。這事情——我們在此不免又遇見一個同義反覆——僅當具體的全體是一個思惟上的全體時,僅當吾人思惟上的具體物事實上是思惟及認識底一個產物時為然。然而這不是指觀察及想像以外或觀察及想像以上之自生的概念底產物,而是指觀察及想像底心靈的消費底產物。吾人腦中表現為思惟上的全體之總體,是思惟的心靈底產物,這個思惟的心靈以唯一屬於牠的方法來把握世界,即以與藝術的,宗教的或實際的頭腦所使用之方法不同底方法來把握世界。實在的主體被把握之後,如前一樣繼續保持頭腦以外之獨立的存在,因為頭腦僅思辯地和理論地瞑想實在的主體。所以在〔經濟學的〕理論的方法底使用上,主體或社會,必須常保持在吾人腦中作為我們所出發之前題。

然則這些單純的範疇在比較具體的存在以前，沒有獨立的歷史的或自然的存在嗎？可以有，也可以沒有。例如在他的法律哲學（Philosophy of Law）上，赫格爾正當地從作爲各個人底最簡單的法律關係之佔有開始，但在家族或地主農奴關係——這個大部份是更具體的關係——開始存在之前，並沒有佔有這種東西。在他一方面，吾人得正當的說，家族和氏族僅佔有財產，但不曾保持財產。所以比較單純的範疇表現爲單純的家族團體或氏族團體對於財產之關係。在初期的社會中這個範疇表現爲發展的有機體底單純的關係，然而發生佔有關係之具體的基礎往往包括在內，我們得想像一個佔有財產之獨立的野蠻人，然而在這個場合，佔有不是法律關係。所云家族是佔有底歷史的發展底結果，這是錯誤的。反之，佔有寧常包含這個"更具體的法律範疇"底存在。然而儘可以說，單純的範疇是諸關係底表現，在這些關係中，未發展的具體物可以實現，不曾參入依具體的範疇來表現於精神上之多面的關係或關聯；但在具體物達到充分的發展時，牠便保持作爲從屬關係之同一範疇。

貨幣在資本，銀行或工資勞動開始存在以前，就得存在於而且確實已經存在於歷史上。記着這個，我們便可以說，單純範疇得作爲未發展的全體底支配關係底表現，或較發展的全體底從屬的關係底表現，卽在全體朝着依具體範疇來表現之方向發展以前就有歷史的存在之諸關係底表現。在此限度中，從最單純升入最複雜之抽象的思惟底法則，適應現實的歷史過程。

在反一方面，我們可說有高度發展的而歷史地未熟的社會形態存在，在這裏，發現如合作及發達的分工等，最高的經濟形態，然而沒有貨幣存在例如祕魯。

在斯拉夫族的共產團體裏，貨幣及發生貨幣之交換，完全不或絕少表現於各個共產團體之內，但出現於這些共產團體邊境裏之其他共產團體底交易中。總之，認定交換是共產團體內部本源的構成要素，這是錯誤的。交換最初寧出現於各共產團體間之相互關係中，而非出現於同一共產團體內部底諸成員間之相互關係中。再則，雖在最古時代，貨幣就開始到處發生牠的作用，然而僅在古代偏面發展的國家即商業國家裏，貨幣方發生支配的要素底作用。甚至在最文明的古代中之希臘和羅馬，僅當崩壞時代，貨幣方達到構成近代資產階級社會底先決條件之充分發展。所以過去這個極單純的範疇，僅在社會底最發展的階段中，達到牠的頂點。就令在當時，貨幣尚未普及(?)一切經濟關係；例如羅馬，在極發展的時代，現物納稅和現物支付尚保留為基礎。事實上貨幣制度僅完全發展於軍隊內；牠從未支配整個的勞動制度。

因此，單純的範疇，雖得歷史地存在於更具體的範疇以前，牠僅在複合的(?)社會形態中得達到牠的內部和外部的完全發展，然而比較具體的範疇，則是在發展較少的社會形態中達到牠的完全的發展。

勞動是一個極單純的範疇。在這樣意味的勞動概念與一般的勞動同，也是極古的。然而經濟學所簡略確定的**勞動**，極與已經發展這種單純的抽象之條件同，是一個近代的範疇。例如貨幣制度很客觀地確定財富為貨幣中之一物（？）（註五）。等到工業主義或商業主義不從對象物來尋求財富底源泉，而從人底活動卽商業勞動及工業勞動來尋求財富底源泉這時候，這個對於貨幣制度底觀點是一大進步。然而就是這種活動，也僅認為在貨幣的生產活動底限定性中。重農主義〔比這些主義更有進步〕，認定勞動底一定的形態卽農業是財富底起源，而財富本身不是貨幣底假裝，而是生產物一般，勞動底一般的結果。然而這個生產物，與活動底限定性適應，依然僅是一種自然的生產物。農業是生產的，土地是最優生產底源泉。直到亞丹斯密司拋棄財富生產的活動之一切規定性，並確定這種活動是勞動一般而非工業勞動，商業勞動，及農業勞動等等，這是一個驚人的進步。沿看財富創造的活動底一般性，於是我們又有規定為財富之對象物底一般性，卽生產一般，或勞動一般，然而是過去具體化的勞動。從亞丹斯密司往往復歸於重農學派之這種轉移，顯然是如何的困難和重大。於今這個轉移好像是替從古以來的人類——不管在甚麼社會形態底下——相互參加爲生產者之最單純的關係，簡便地發現出抽象的表現。這個在某一方面是對的，在他一方面是不對的。

註五 原文有兩個字不能缺少，此二字似爲"Ausser Sich"(本身以外)。考茨基。

對於特種勞動之漠視包括各種具體的勞動——其中沒有一種再是支配的勞動——底完全發展的總體底存在。所以最一般的抽象僅發生於有最高具體的發展之處，卽一形狀現得爲多數所共通且現得與一切共通之處。在那時候，再不能把勞動看作在某一特殊形態中。在他一方面，勞動底這個抽象僅是各種勞動底具體的總體底結果。對於特殊種類勞動之漠視適應一社會形態，在這個社會形態中，各個人容易由這一種勞動移入他種勞動，而且這個社會形態使着個人不關心甚麼特殊種類的勞動得歸入他們的份裏。勞動在這裏不僅範疇地而且現實地變爲創造財富一般之手段，而且再不與個人一同發展爲一特殊的規定。這個形態已在資產階級社會底最近代的存在，例如美國中，完成了牠的最高的發展。"勞動"，"勞動一般"，無報酬勞動等範疇底抽象，卽近代資產階級經濟學底起點，僅在這裏始實現爲實際的。因此，近代經濟學確立爲牠的起點之最單純的抽象，卽溯源於上古並通行於一切社會形態底下之最單純的抽象，在這個抽象中實際上僅實現爲最近代的社會底範疇，我們可說在美國表現爲歷史的產物之物——卽對於特種勞動之漠視——，例如在俄國則表現爲自然的素質。然而或則野蠻人有同樣得使用一切勞動之自然的素質，或則文明文是使用一切勞動，這事使一切發生天壤之別。此外，俄國人對於他們所從事的勞動底規定性之這種忽視，與他們存留在極一定的職業底慣習中之傳統的實踐相應，直到他們被外部的影響排出於這種慣習之外爲止。

不管這些最抽象的範疇對於一切時代之適合性如何，正因爲牠們的抽象性，所以勞動底這個例證明示這些最抽象的範疇是歷史的關係底產物，而且對於這些關係完全適應，並在這些關係之下。

資產階級社會是生產底最發展的及最多樣的歷史的組織。作為資產階級社會本身的組織底理解，使着資產階級社會同時能够洞察已經沒落了的一切社會形態底組織及生產關係；資產階級社會建築在這些社會形態底廢墟和要素上，並繼續這些社會形態底未經克服的殘餘，而過去是單純的暗示之物於今已發展到完全的意味。人類底解剖是對於猿猴底解剖之關鍵。但是下等動物對高等動物之模倣，祇有已經知道高等動物之後方能懂得。資產階級經濟學給予古代經濟學以關鍵。然而那些混同一切歷史的差異且從一切社會形態來看資產階級形態之經濟學者底方法，完全不是這樣。一個人知悉了地租底性質以後方能理解貢稅，什一稅等等底性質，但是一定不可把牠們看做同一的。

而且既然資產階級社會僅是從各矛盾份子底發展所生產的一形態，那麼屬於以前的社會形態之某些關係遂常常發現於這種社會裏，不過是在殘廢的狀態中，或像是以前的本身底滑稽的改作，例如共產團體的財產。所以既然我們可說資產階級經濟學包有一切其他社會形態底眞理，這個說明是理解貼現（Cum Grano Salis）。資產階級經濟學底諸範疇得包含一切其他社會形態在發展的，萎縮的，或滑稽化的形態中，但往往在本質上是差異的。所謂歷史的發展，在最後的分析中，總括如次：卽是，最後的形態是把牠的以前的諸形態看作釀成牠自身之諸階段，並且往往是偏面地解理那些以前的形態，因爲最後的形態是很稀罕的，而且僅在一定的條件底下方能自我批判。自然，我們在這裏不是說對於牠們自己的同時代的人表現爲崩壞時代之歷史時代。一待耶穌教準備作某種程度的或所謂自動的（Dynamei）自我批判，牠便能幫助我們達到對於以前的神話底客觀的認識。同樣資產階級社會底自我批判一開始，資產階級經濟學便也隨着理解封建的，古代的，及東方的社會。在資產階級經濟學尙未把資產階級體系與過去的體系且爲純粹（？）同一之神話化時，牠對於尙須攻擊的封建制度底批判像是耶穌教對於異教徒底批判，或新教對於舊教底批判。

在經濟範疇底硏究上，與在任何歷史的及社會的科學底硏究上同，必須牢記如次的事實：卽在現實中與在吾人腦裏同樣之主體——此處指近代資產階級社會——是已知的；而經濟範疇所以僅是這個主體底，卽這個一定的社會底存在形態，存在表現，且常常僅是個別的方面，所以成爲一門科學之〔經濟學〕底起源，決不始於把經濟學視爲一科學底時期。這個事情正待牢記，因爲這對於經濟學分篇底問題，有一個直接的和重要的關係。

例如似乎沒有比從地租及土地所有權來開始更自然的事，因爲牠與土地卽一切生產底源泉及一切存在底源泉相結合，並與一切多少固定的社會裏之最初的生產形態卽農業相結合。但是再沒有比這個更謬誤的事。在一切社會形態底下，有某一特定的生產勝過一切其他生產，所以牠的關係支配一切其他關係底等級和影響。

一定的生產是普遍的光，一切其他色彩都由牠而着色，且都因牠的特殊性而轉移。牠是一的特殊的以太，牠決定表現於以太裏的一切存在底比重。

我們且舉游牧民族爲例（單純的漁獵部落還未達到現實的發展所起始的階段）。他們四散地操作農業底一定形態。土地所有權底性質從此被決定了。土地所有權共有，並依這些民族所固守的傳說底比例而或多或少地保持這種形態，例如斯拉夫人的土地所有權。在居住固定的農業民族中——居住固定的情形構成大的進步——農業是佔勢的產業，例如在古代社會及封建社會裏，就是手工業及其組織，與適應手工業之所有權底形態同，多少帶有土地所有權底通行制度底性質。當時的〔社會〕，或則如在古羅馬，是完全依靠農業，或則如在中世紀，牠在牠的城市關係中模倣鄉村裏佔勢的諸組織形態。就是資本——純粹的貨幣資本是例外——也在傳統的勞動工具底形態上，有中世紀的土地所有權底性質。

資產階級社會剛好相反。農業僅漸次成為產業底一部門，而且完全依資本支配。地租也是如此。在土地所有權為支配的形態之一切社會形態中，自然關係底影響是支配的影響。在資本為支配的形態之一切社會形態中，支配的要素是歷史上依社會創造的要素。沒有資本便不能理解地租，沒有地租，也不能理解資本。資本是資產階級社會底一切佔勢的經濟力。牠必然形成起點和終點，而且必然發展在土地私有權存在以前。在兩者既被個別考察之後，必須分析牠們的相互關係。

按照經濟範疇居於歷史過程中底決定的要素之順序來排列經濟範疇，這必然是行不通的而且是錯誤的。牠們的順序寧依牠們在資產階級社會中的相互關係及與牠們的自然的順序或歷史發展的順序正相反對的關係而定。我們所討論的事情，不是經濟關係在不同的社會形態底歷史的繼續中所佔有之地位。我們也不討論僅是歷史行程底模糊(?)概念之"想像中"（蒲魯東）底序列。我們所要討論的是近代資產階級社會內部底有機的概念。

明白區分腓尼基人和加泰基人等古代商業民族之分界線（抽象的規定性），依持農業民族底優勢。作為商業資本或貨幣資本之資本，出現在資本還未成為社會底支配的要素之抽象裏。郎巴第人及猶太人,在中世紀農業民族中佔有同樣的地位。

關於在不同的社會階級中佔有不同的地位之同一範疇這事實底詳細說明,我們得述之如次：資產階級社會底最後的形態之一,即股份公司,首先也表現在大的特許獨佔的商業公司底形態中。

十七世紀的經濟學者底腦中所隱藏的並一部份為十八世紀的經濟學者所繼承的國家財富底概念如次：財富完全是國家生產的,但是國家底權威與財富成比例。財富宣告自身及其生產是近代國家底目的,而認定國家僅是財富生產底手段,這種說法仍然是一個無意識地欺騙的方法。

經濟學底程序顯然必是如次：第一,多少適於一切社會形態之一般的抽象的定義,但以上述的意味為限。第二，形成資產階級社會底內部組織及諸主要階級底基礎之諸範疇：資本，工資勞動，土地所有權；牠們的相互關係，城市和鄉村；三大社會的階級；這些階級間底交換；流通；信用制度（私的）。第三，具有國家形態之資產階級社會底組織；關於資產階級社會自身底考察；"不生產的"階級；租稅；國債：公共信用；人口；殖民地；移民。第四，國際的生產組織；國際的分工；國際交換；輸入及輸出；匯兌市場。第五，世界市場及危機。

四. 生產，生產手段及生產條件。生產與分配底關係（註一）。國家形態及財產形態與生產關係及分配關係間之連絡。法律關係。家族關係。

註一、此處所用的分配(Verkehr)是指貨物底物質的分配，不是指不同的生產要素間之生產物底分佔底經濟的分配。——譯者。

關於這裏所應述及而不可遺忘的諸點之要註。(註二)

註二、下面八節裏馬克斯寫下的要註是非常零碎的，除非稍加削補，便有幾分不能翻譯，又因為原文不近於書本格式，故 Stone 所用的語句與馬克斯用語略有不同。——重譯者。

1.戰爭在和平以前達到完全的發展；工資勞動，機器等底一定的經濟現象如何在較早的時期由於戰爭發展在軍隊內，而非發展在資產階級社會內部。生產力與交通手段間底關係，在軍隊內特別現得明白。

2.歷史記述底觀念法及現實法之關係；即完全是宗教史及國家史之所謂文化史。

關於這點，可以一述歷史記述上從來所採用的種種方法。所謂客觀的〔方法〕。主觀的記述法（道德的及其他）。哲學的記述法。

3. **第二的及第三的。**已經更移的或移植的生產條件;總之,即非原始的生產條件。此處〔待論〕國際關係底影響。

4. 對於這種見解底唯物論之論駁。對於自然主義的唯物論之關係。

5. 生產力(生產手段)及生產關係底概念底辯證法,即其限界尚待決定而未除棄具體的差異之辯證法。

6. 例如物質的生產及藝術和生產底發展間之不等的關係。就一般言,進步底概念不是理解為普通的抽象。就藝術等而言,理解這個不平衡,不如在實際的社會關係上,例如美國教育與歐洲教育間之關係上,那樣重要和困難。然而這裏所討論的眞正的困難點,就是作為法律關係之生產關係底不平等的(?)發展這一點。例如羅馬民法(刑法及公法少是這樣)和近代生產間之關係。

7. 發展底這個概念須得含有必然性。在他一方面是偶然底辯證。種種。(自由及其他點)。(交通手段底影響)。世 史不常在歷史上表現為世界史底結果。

8.出發點尚待在主觀地及客觀地體現於氏族,種族等裏之自然底事實裏面尋找。

人都知道藝術底一定的最高發展期與社會底一般的發展不生直接的關係,更與物質的基礎及其組織底骨骼不生直接的關係。證明希臘人比較近代民族或卽莎氏比亞的近代民族之例證。關於藝術底某些形態例如詠古詩,我們承認關在那種藝術開始存在底時候,決不能在劃分世界爲一時代之這種古典的形態中生產出來。換句話說,僅在藝術發展底低階段,藝術領域內藝術底某些重要形態方是可能的。假如藝術領域內部各種藝術形態底相互關係是如此,那麼毫無疑義整個的藝術對於社會底一般的發展之關係也是如此。困難僅伏在這些矛盾底一般的形態裏。這些矛盾經說明之後,也就被明細記述了,我們且舉希臘藝術對於近代藝術之關係與莎氏比亞時代的藝術對於近代藝術之關係作例。這是盡人皆知的事實:希臘神話不僅是希臘藝術底武庫,而且是希臘藝術所以發揚底基礎。在自動機器、鐵道,蒸汽機,電信底時代,自然觀及社會關係觀能夠形成希臘人的想像及希臘藝術嗎?從何發生與洛柏茲公司對立之希臘火神,與避電針對立之希臘雷神,與摩比利再信託銀行對立之希臘商神呢?一切神話都在想像中,並依想像來制服,支配,形成自然力;所以剛在人類支配自然力底時候,神話就消滅了。Fame 女神隨同印刷街變成了甚麼呢?希臘藝術是希臘神話底前題,即是依民族的空想在一無意識的藝術方法中而創作自然及社會形態之前提。那就是希臘藝術的材料。然而既不是亂舉的神話,也不是自然(此處所指的自然包含一切對象物以及社會)底無意識的藝術的創作。埃及的神話決不能是得發生希臘藝術之基礎或胚胎。然而不拘在甚麼事故中,必須有一神話。所以在排除對於自然之一切神話的關係以及神話化的關係之社會中,決不能形成希臘藝術的基礎。

　　從他一方面來看:希臘勇士能夠與彈藥一同存在麼?歌謠,傳說及文藝女神不是必然隨印刷棒底出現而消滅嗎？咏古詩底必要條件不也會消滅嗎？

然而難點不在於瞭解希臘藝術及咏古詩是與某些社會的發展形態相結合這個觀念，寧在於理解為甚麼牠們對於我們依然構成藝術的享樂底源泉，並在某些方面通用為準則及不能達到的模範。

成人不能再變成兒童，卽不能變成兒童氣的。然而他不是喜好兒童底純樸他不是必須在較高階段中努力去再生產兒童的眞純嗎？各時代底性質不是殘留着與兒童本性底特質完全相合嗎？在人類已經達到最美滿的發展之幼年期，為甚麼不能保持永久的魔力成為一永不再來的階段呢？有劣生的兒童及智慧早開的兒童。多數古代民族都屬於後一種。希臘人都是常態的兒童。他們的藝術所給予我們底魔力不與發生藝術之社會秩序底原始的性質衝觸。這種魔力寧是後者底結果。牠寧起因於未成熟的社會條件——藝術發生於這些條件底下，而且祇能出現在這些條件底下——永不能還元這事實。